*Mit der Heimat im Herzen die Welt umfassen –
seit dem 14. Oktober 1948 auf Seite eins des Hamburger Abendblatts*

SPRECHEN SIE

PETER SCHMACHTHAGEN

HAMBURGISCH?

Hamburger Aben

INHALT

VORWORT   6

EINLEITUNG
Die Hamburger sprechen ein gediegenes Deutsch   9
Der Autor   33

DIE BEGRIFFE   35
Hamburgisch binnen un buten

ANHANG
Abkürzungen und Fachbegriffe   304
Literaturhinweise   306
Impressum   312
Bildverzeichnis   313

Links: Alltag im Gängeviertel – hier im Hof Langer Jammer
am Brauerknechtsgraben (Neustadt) um 1900. Im Hamburger
Stadtzentrum lebten damals 140 000 Menschen, im flächenmäßig
vergleichbaren Harvestehude jedoch nur 18 000.

LIEBE LESERINNEN UND LESER

Mit der Heimat im Herzen die Welt umfassen – dieses Zitat des Dichters Johann Wilhelm Kinau aus Finkenwerder, der Ihnen wahrscheinlich besser unter dem Pseudonym Gorch Fock bekannt ist, wählte Axel Springer als Motto für sein neues Hamburger Abendblatt, als es am 14. Oktober 1948 zum ersten Mal erschien. Dieses Motto gilt heute noch. Es ist Programm und Verpflichtung für unsere tägliche Arbeit in der Redaktion: Bei aller überregionalen Kompetenz, trotz der vielen Blicke in alle Welt steht Hamburg, steht immer die Heimat der Hamburger im Mittelpunkt.

Und Hamburg ist nicht nur Elbe und Alster, Hafen und Hagenbeck, Hamburg ist auch das Hamburgische, die Mundart, die Sprache, die typischen Ausdrücke und Redensarten, die die Großeltern gebraucht und gesprochen haben und die bis auf wenige Reste aus dem Alltag verschwunden sind.

Trotzdem: Auch heute noch hat in einer Hamburger Zeitung der sechste Wochentag Sonnabend und nicht Samstag und ein evangelischer Geistlicher Pastor und nicht Pfarrer zu heißen, von Spezialitäten wie Feudel, Leuwagen, Fatuch, Handstein oder Lamperie ganz zu schweigen. Daran wurde ich in Leserbriefen unmissverständlich erinnert, als ich im Oktober

2008 die Chefredaktion des Abendblatts übernahm. Obwohl ein überzeugter Hamburger Einwohner, obwohl mit einer Hamburgerin verheiratet und zuvor sieben Jahre lang in Hamburg Chefredakteur der größten deutschen Sonntagszeitung, fühlte ich mich mit einem Mal als das, was ich als gebürtiger Franke in den Augen geborener Hamburger bin: ein Quiddje – ein Zugezogener, ein geel Sprechender, ein nicht mit Elbwasser Getaufter.

Ich bot an, gemeinsam mit den Leserinnen und Lesern ein Wörterbuch hamburgischer Ausdrücke zu erarbeiten. Eine Flut von Zuschriften erreichte uns, die bis heute nicht abreißt. Tausende von Vorschlägen wurden eingeschickt, sodass wir täglich eine Folge der Serie „Sprechen Sie Hamburgisch?" veröffentlichen konnten. Die Älteren erinnern sich, aber auch die Jüngeren scheinen neugierig auf das zu sein, was gesprochen worden ist zu einer Zeit, als Großmutter noch 'n lütt Deern weer. Frau Beate B. schrieb: „Mit dem täglichen Lesen der Begriffe habe ich ein dickes Stück Kindheit direkt vor mir und oft genug liebevolle Erinnerungen an die, die nicht mehr da sind."

Unter dem Autorennamen Peter Schmachthagen hat unser pensionierter Chef vom Dienst, der immer dann gerufen wurde und wird, wenn es um die deutsche Sprache geht, das versprochene Wörterbuch geschrieben – weniger ein Nachschlagewerk als ein Lesebuch mit ganz viel Heimat und Hamburg zwischen den Zeilen. Sie haben darauf gewartet. Fast jede Zuschrift endete mit dem Satz: „Ich freue mich auf das Buch."

Hier ist es. Ich wünsche Ihnen viel Vergnügen bei der Lektüre.

Ihr

Claus Strunz

Chefredakteur des Hamburger Abendblatts

DIE HAMBURGER SPRECHEN EIN GEDIEGENES DEUTSCH

Sprechen Sie Deutsch? Natürlich, sonst würden Sie kein deutsches Buch in der Hand halten. Aber sprechen Sie auch Hamburgisch? Diese Frage bedarf einer Erklärung. Unter Hamburgisch (die Mundart) oder hamburgisch (die Art und Weise) wollen wir hier nicht den Akzent, die Betonung, das Behäbige und Breite oder das S-tolpern über den s-pitzen S-tein verstehen, sondern die Ausdrücke und Begriffe, die Redensarten und Sprichwörter, die wir Älteren früher an Elbe und Alster gehört, gelesen und womöglich täglich gebraucht haben, die heute aber bis auf wenige Reste aus der Umgangssprache verschwunden sind.

Als Abendblatt-Chefredakteur Claus Strunz Anfang Dezember 2008 die Frage nach dem Hamburgischen stellte, konnte niemand mit der überwältigenden Resonanz in der Leserschaft rechnen. Mails und Briefe, teilweise auf Platt in Sütterlin geschrieben, stapelten sich in der Redaktion. In jeder Zeile spürte man, dass die Erinnerung an Kindheit und Jugend lebendig geworden war, dass scheinbar Verschüttetes und Vergessenes wieder vor Augen stand. „Als Kinder sagten wir immer...", „meine Großmutter schimpfte..." oder „wenn Oma *füünsch* war..." – so oder so ähnlich lautete der Bezug in fast jeder Zuschrift.

Aber nicht nur die Älteren verfolgten die Serie im Hamburger Abendblatt mit Begeisterung, auch die Jüngeren wurden neugierig und staunten, dass frühere Generationen offenbar auch ohne SMS, Anglizismen und Werbe-Kauderwelsch durchaus nicht sprachlos gewesen sind.

NICHT NUR IN HAMBURG

Die Leserinnen und Leser erinnerten sich an viele tausend hamburgische Wörter, aus denen wir auswählen konnten, und viele haben wir hinzugefügt, um die Sammlung abzurunden. Das bedeutet natürlich nicht, dass alle diese Begriffe *nur* in Hamburg zu hören waren. Wenn wir uns auf das hätten beschränken müssen, was zwischen Hafen und Barmbek gesprochen worden ist, und zwar nur und ausschließlich dort, wäre es eine kurze Serie und ein dünnes Buch geworden. Was norddeutsch ist, ist für Hamburger Leser einer Hamburger Regionalzeitung auch hamburgisch.

Wir können den → *Leuwagen* oder den → *Feudel* nicht deshalb in einem Hamburger Wörterbuch weglassen, weil auch in Bremen, Lübeck oder gar in Ahrensburg oder Schulau gefeudelt worden ist. Wenn Sie nun im Supermarkt vor einem Regal mit Mikrofaser-Wischtüchern nach einem *Feudel* oder → *Fatuch* fragen sollten und man Sie verständnislos anblickt, werden Sie den Unterschied zwischen früher und heute verstehen.

GROSS-HAMBURG-GESETZ

Das jetzige Hamburger Staatsgebiet entstand erst 1937 mit dem → *Groß-Hamburg-Gesetz*. Bis dahin waren zum Beispiel

Altona, Wandsbek, Harburg-Wilhelmsburg und sogar Billstedt, Lokstedt, Bramfeld, Hummelsbüttel, Poppenbüttel oder Duvenstedt preußisch. Solche politischen Grenzen konnten natürlich keine unüberwindbaren Sprachgrenzen sein. Deshalb wollen wir für das Hamburgische in erster Linie die Metropolregion von Lüneburg bis nach Cuxhaven oder Brunsbüttel mit Holstein und Nordniedersachsen reklamieren. Bei unverzichtbaren Ausdrücken aus der Erinnerung älterer Hamburger darf sich notfalls auch eine Identität mit ganz Norddeutschland ergeben.

ETWAS GANZ EIGENES

Dennoch bleibt das Hamburgische etwas ganz Eigenes, das aus der wirtschaftlichen und kulturellen Vielseitigkeit des Stadtstaates erwachsen ist. Hamburg hat einen Hafen, Hamburg hatte Elb- und Hochseefischer, einen Erwerbszweig, der heute bedeutungslos geworden ist. Hamburg war eine Stadt des Handels und der Dienstleistungen mit Handwerkern, Kontoren und Speichern. Die meist kinderreichen Familien der Tagelöhner und der Unterschicht lebten, sprachen und wohnten bis in die Dreißigerjahre im wahrsten Sinne des Wortes über- und nebeneinander in engen und überbauten Gängevierteln.

STADT UND LAND

Die übervölkerten Bereiche der Alt- und Neustadt sowie die bürgerlichen und herrschaftlichen Haushalte mussten versorgt werden, mit Fisch aus Finkenwerder, Obst aus dem Alten Land, Gemüse aus den Vierlanden, Torf aus Harks-

heide, bäuerlichen Produkten aus den → *Wald-*
und → *Rümerdörfern* bis hin zu solchen Spezialitäten wie
→ *Mööschenkränze*, → *Bickbeeren* und sogar → *Grashopper*
und Vogelnester (vgl. → *Ausruf*) als „Spielzeug".

Täglich strömte eine Vielzahl von → *Hamborgföhrern*,
Bauerweibern, → *Hökern*, Händlern, Hausierern und Dörflern
in die Stadt und belebte die Märkte und Gassen, sodass
sich, auch in Sprache und Dialekt, ein permanenter Kontakt
und Austausch mit der Landbevölkerung ergab.

Die Mittel- und Oberschicht aus Harvestehude oder Uhlenhorst mit ihren Landsitzen und Villen in den Elbvororten hatte
einen großen Bedarf an Dienstpersonal. Junge Mädchen, aber
auch junge Männer aus Holstein, Stormarn, Lauenburg und vor
allem aus Mecklenburg (vgl. → *Mekelnborch*) gingen, kaum
den einklassigen Dorfschulen entronnen, nach Hamburg in
→ *Stellung* als Dienstmädchen oder → *Kööksch*. Häufig heira-
teten sie hier einen Handwerker oder Arbeiter, oder sie kehr-
ten später, hamburgisch beeinflusst, in ihre Dörfer zurück.

UT DAT LAND EIEN

Die Zuwanderung erfolgte damals nicht aus fremden Sprach-
und Kulturräumen, nicht aus anderen Ländern und Erdteilen,
sondern aus der plattdeutschen Nachbarschaft. Zum Beweis
der Integration war kein Einbürgerungs- und Sprachtest er-
forderlich. Das Hamburgische formte die Zugezogenen, die
→ *Quiddjes*, und die Neubürger formten ein wenig das Hamburgische, ohne es im Wesentlichen zu verändern. Hamburg
war kein Schmelztiegel der Kulturen, sondern eine niederdeutsche Metropole.

Nach der Aufhebung der Leibeigenschaft in Mecklenburg erbte nur der älteste Sohn die Kleinbauernstelle, die häufig zahlreichen Geschwister, die der Hof nicht mehr ernähren konnte, wanderten aus oder ab, zu Tausenden nach Hamburg und vor allem nach Hammerbrook. Hamburg wurde vor dem Ersten Weltkrieg die „Hauptstadt Mecklenburgs" genannt, aus Schweriner Sicht ein hoffnungsvolles Ziel, aus der Sicht der alteingesessenen Hamburger mit dem Vorbehalt betrachtet, den man zu allen Zeiten allem Fremden entgegengebracht hat. Wenn in Mecklenburg, so spotteten die Einheimischen, ein Kind geboren wird, so dreht man ihm als Erstes den Kopf nach Westen in Richtung Hamburg und trichtert ihm ein: *Kiek, dat is dien Heimat!*

Während in Berlin das Niederdeutsche überlagert wurde durch unterschiedliche Mundarten heterogener Zuwanderer-Gruppen, nicht nur aus Sachsen und Schlesien, sodass kein Dialekt, sondern die seltene Form eines *Metrolekts*[1], einer isolierten Großstadtsprache, entstand, blieben in Hamburg die Plattdeutschen im Wesentlichen unter sich. Die zugewanderten Mecklenburger wurden zwar an der Aussprache des Diphthongs[2] *ei* [wie ai] erkannt und deshalb scherzhaft *de ut dat Land Eien* genannt, aber auch sie sprachen ein Platt, das sich kaum vom Hamburger Platt unterschied.

---

1 in großstädtischen Zentren aus unterschiedlichen Mundarten entstandene Stadtsprache
2 Doppelvokal (s. Fachbegriffe S. 304 f.)

Ganz Deutschland, ja, die ganze Welt kennt Hamburgs Wahrzeichen, die St.-Michaelis-Kirche, kurz Michel genannt – hier im Jahre 1929.

ALLTAGSSPRACHE PLATTDEUTSCH

Die ursprüngliche Sprache Hamburgs ist nicht Hochdeutsch,
sondern Niederdeutsch. Und damit sind wir bei einem
wesentlichen Punkt: Die Alltagssprache war noch in der
Zeit, die wir betrachten (als Großmutter noch *'n lütt
Deern weer*), und erst recht in der Zeit, auf die wir weiter
zurückblicken, das Plattdeutsche. Ein Gegensatz zwischen
Hamburgisch und Plattdeutsch darf ebenso wenig gezogen
werden wie etwa ein Gegensatz zwischen einem Mercedes
und einem Automobil.

Es gab Leser und vor allem Leserinnen, die reichten eine
lange Liste niederdeutscher Begriffe ein und beklagten sich
gleichzeitig, unsere Serienbeispiele seien ja plattdeutsch und
nicht hamburgisch. „Die stehen alle im *Sass*[3]", meinte eine
pensionierte Lehrerin aus dem Umland. Hoffentlich stehen
sie da, zwar nicht alle, aber viele. Plattdeutsch blieb bis in
die Neuzeit auch offizielle Amtssprache Hamburgs (neben
Latein) und die Sprache des Senats. Noch 1844 wurde der
Bürgereid in niederdeutscher Sprache abgelegt (→ S. 17).

Hochdeutsch war die Sprache der Lutherbibel, des Kleinen Katechismus, des Gottesdienstes und auch der Schule,
um Lesen und Schreiben zu lehren. Pastoren, Lehrer und
Väter lasen aus Bibel und Katechismus, damals häufig die
einzigen Bücher des Haushalts, auf Hochdeutsch vor. Da
es sich beim niederdeutschen Gebiet nördlich der Mittelge-
birge seit der Reformation (nach 1517) um eine weitgehend
evangelische Region handelte, war das lutherische

---

3 Sass: Plattdeutsches Wörterbuch

Bürger=Eyd.

Ick lave und schwere tho GOTT dem Allmächtigen, dat ick düssem Rahde und düsser Stadt will truw und hold wesen, Eer Bestes söken unde Schaden affwenden, alse ick beste kan und mag, ock nenen Upsaet wedder düssem Rahde und düsser Stadt maken, mit Worden edder Wercken, und efft ick wat erfahre, dat wedder düssem Rahde und düsser Stadt were, dat ick dat getrüwlick will vormelden. Ick will ock myn Jährlickes Schott,[4] imglicken Törckenstüer,[5] Tholage,[6] Tollen,[7] Accisc,[8] Matten[9] und wat sünsten twischen Einem Ehrb. Rahde und der Erbgesetenen Börgerschop belevet und bewilliget werd, getrüw- und unwiegerlick by miner Wetenschop, entrichten und betahlen. **Alse my GOTT helpe und syn Hilliges Wort.**[10]

4 städt. Grund- und Vermögenssteuer, jährl. ein Viertelprozent des Vermögenswertes
5 Türkensteuer, Reichsabgabe während der Türkenkriege, später städt. Abgabe
6 außerordentl. Abgabe (Umlage)
7 Ein- u. Ausfuhrsteuer
8 Verbrauchssteuer (auf Bier, Mehl, Wein, Branntwein, Vieh usw.).
9 Mühlenabgabe
10 Bürgereid seit 1483, bis 1844 in niederdeutscher Sprache. Fassung von 1766. Vgl. HWB 1/Sp. 409 f.

Neuhochdeutsch im Norden eine Art Fremdsprache. Deshalb bildeten sich hier im Gegensatz zum hochdeutschen Süden auch keine neuhochdeutschen Dialekte aus.

PLAT, NICHT PLATT

Der Name *Plattdeutsch* für das Niederdeutsche kommt aus den Niederlanden. 1524 erschien in Delft ein Neues Testament, verfasst in *goede platten duytsche,* also in guter klarer Volkssprache – nicht in den Gelehrtensprachen Griechisch und Latein. Die gute klare Volkssprache war das Plattdeutsche.

Obwohl das Plattdeutsche in der Norddeutschen Tiefebene und seinerzeit in dem noch tiefer gelegenen Holland gesprochen wurde, kommt der Name nicht vom „platten, flachen Land", sondern vom niederl. Adjektiv *plat* für „klar, deutlich, jedermann verständlich". Jedermann verständlich war Platt.

DE SNACKT SO GEDIEGEN

Es gab Kinder, die bis zur Einschulung kaum Hochdeutsch verstanden. In einem Brief wird geschildert, wie eine Sechsjährige nach dem ersten Schultag, von der „fremdsprachlichen" Umgebung verschreckt, heulend nach Hause zurückkam: *„Dor gah ik nich wedder hen, de snackt so gediegen!"* (→ S. 105). Ich bewunderte stets meine Großmutter, die noch als 95-Jährige fließend alle hochdeutschen Präpositionen mit zugehörigem Kasus aufsagen konnte. Als gebürtige „Plattdeutsche" hatte sie sie in der Dorfschule auswendig lernen müssen ähnlich wie wir später die lateinische oder französische Grammatik.

Obwohl die „Buddenbrooks" in Lübeck spielen, ist der sprachliche Hintergrund mit dem Hamburgs vergleichbar. Thomas Mann lässt den Konsul Buddenbrook nicht nur mit seinen Arbeitern plattdeutsch sprechen, sondern häufig auch die Kaufleute unter sich.

NIEDERGANG DES PLATTDEUTSCHEN

Die sozialen Prozesse des 19. und 20. Jahrhunderts, die Entwicklung zur modernen Gesellschaft, die Demokratisierung der Bildung, die Zugänglichkeit der Medien und die Bürokratisierung des Lebens drängten das Plattdeutsche im Alltag immer mehr zurück, im 20. Jahrhundert auch in den Hamburger Familien. Hinzu kam ein massiver, für die Betroffenen natürlich unfreiwilliger Zustrom nach 1945 von Flüchtlingen und Vertriebenen aus anderen Dialekträumen und danach im Zuge des Wirtschaftswunders von Menschen aus fremden Ländern, die kaum Deutsch, auf jeden Fall aber kein Plattdeutsch sprachen. Das mehr oder weniger gut beherrschte Hochdeutsch wurde Gemeinschaftssprache.

Wir wollen in diesem Buch, wie gesagt, Hamburgisch nicht als die Sprache verstehen, die die „Tagesschau" heute täglich aus Hamburg über die gesamte Republik verbreitet, sondern als die Erinnerung der Leser an das, was es früher an Wörtern, Begriffen, Redensarten und Eigentümlichkeiten an Elbe und Alster gegeben hat, wobei die drei Sprach- und Mundartenelemente Plattdeutsch, Hochdeutsch und Missingsch nicht immer eindeutig zu trennen sind, sondern ineinander fließen.

Hamburg 1881: Das Nordufer des Kehrwieder am Zollkanal mit den Arbeiterquartieren (hinten St. Katharinen) vor dem Abriss. Hier entstand ab 1885 die Speicherstadt.

HAMBURGER REGIOLEKT: MISSINGSCH

Wenn Hamburger mit plattdeutscher Muttersprache versuchten, im Alltag hochdeutsch zu sprechen, weil sie es wollten oder mussten, kam meistens ein Mischmasch aus Hochdeutsch und Plattdeutsch heraus. Diesen typisch Hamburger Regionaldialekt *(Regiolekt)* nannte man → *Missingsch*. Zwar wurde auch in anderen Städten wie zum Beispiel in Kiel, Bremen, Bielefeld und früher sogar in Danzig Missingsch gesprochen, nur wurde es dort nicht unbedingt so genannt.

Die Herkunft des Begriffs Missingsch wird volksetymologisch gern als „Mischung" von Hochdeutsch und Platt erklärt und dabei nicht versäumt, auf die Ähnlichkeit des Ausdrucks zu Messing, einer Mischung (Legierung) von Kupfer und Zink, hinzuweisen. Das ist falsch, erklären die Sprachwissenschaftler. Missingsch kommt in Wirklichkeit von *Meißnerisch*, der Meißner Kanzleisprache, aus der Hochdeutsch hervorgegangen ist.

Die Grammatik und der Satzbau sind beim Hamburger Missingsch vorwiegend niederdeutsch, das Vokabular ist eine Mischung aus Standardhochdeutsch und niederdeutschen Ausdrücken mit ins vermeintlich Hochdeutsche gezwungenen plattdeutschen Wörtern und Redensarten. Der Plattdeutsche krabbelt die Leiter zum Hochdeutschen empor und stolpert alle naslang wieder in sein geliebtes Platt zurück – das Ganze kräftig gewürzt mit Hamburger Akzent und Betonung. Stets lag dabei ein *s-pitzer S-tein* im Weg, den Frau Pumeier überbetont vornehm und akzentuiert schon mal als *Sch-tein* bezeichnete. Denn ursprünglich kannte das Hamburgische kein anlautendes *sch* vor Konsonanten, sondern hatte dort ein scharfes *s* (vgl. → *Slackermaschü*, → *sludern*, → *snopen*).

Walter Deppisch (1916–1990)[11], Vera Möller (1911–1998) mit ihren gesammelten und gezeichneten Geschichten von der fiktiven Hamburger Göre → *Klein Erna* und vor allem der Schriftsteller und Kabarettist Dirks Paulun (1903–1976; → Biografie S. 210) schrieben ein typisches Missingsch. Paulun wurde wegen seiner beliebten Zeitungskolumne sogar der „Missingsch-Professor des Hamburger Abendblatts" genannt. Eine Straße in Blankenese trägt heute seinen Namen.

PLATT FÖR DE PLIETSCHEN

Allerdings entziehen sich seine Texte einer lexikalischen Erfassung. Man muss schon mit Elbwasser getauft sein, um auf Anhieb seinen Buchtitel „Hömmazuh" in den Satz „Hör mal zu!" zerlegen zu können oder „Wommasehn!" in „Wir wollen mal sehen". Paulun bittet, „mit den Ohren zu lesen" *(„Vor sich hinflüstern und sich selbst zuhören!"* [12]). Leider ist weder eine Zeitung noch ein Lexikon ein Hörbuch. Pauluns Bücher sind vergriffen und höchstens noch antiquarisch erhältlich – ähnlich wie echtes Hamburger Missingsch im 21. Jahrhundert „vergriffen" ist.

---

11 Deppisch: 99 Wörter Hamburgisch
12 Paulun: Is doch gediegen S. 9

Aufstellen zum Fototermin im Bereich Pickhuben im Jahre 1880. Auch der Putzbüdel in seiner weißen Jacke ist aus seiner Barbier-Stube gekommen.

Hamburger Missingsch setzte Hamburger Platt als Muttersprache voraus, doch die Hamburger sind nach 1945 zu Hochdeutschen geworden. Restbestände an plattdeutschen Muttersprachlern zwischen Finkenwerder und Moorburg könnten demnächst die Anerkennung als nationale Minderheit und die Befreiung von der Fünfprozentklausel bei der kommenden Bürgerschaftswahl beantragen...

Plattdeutsch hat sich zu einer Zweitsprache gewandelt, die man lernen kann, aber nicht lernen muss – frei nach dem Motto: *Hochdüütsch kann jeden Döösbartel snacken, Platt is för de Plietschen!*[13]

Bei Missingsch fuhr ein Plattdeutscher die Einbahnstraße mit vielen Karambolagen und grammatikalischen Verkehrsverstößen empor, aber wenn heutzutage ein Hochdeutscher Missingsch reden will, fährt er die Einbahnstraße in Gegenrichtung hinab. So etwas nennt man einen Geisterfahrer wider das Hamburgische.

HAFENPLATT

Seeleute aus aller Welt brachten Ausdrücke von weiter her in den Hamburger Hafen. Vor allem kennt die Seemannssprache viele Entlehnungen aus dem Niederländischen (→ *Buscherump*, *Duckdalben*) und dem Englischen (→ *Kaffeteng*, → *Bagalut*, → *Geng*). Das *Hafenplatt* der → *Schauerleute*, Werftarbeiter, Schiffer und Matrosen schmeckte ein wenig nach weiter Welt. Die → *Schietgengs*

---

13   Hochdeutsch kann jeder Dummkopf sprechen, Platt ist etwas für die Schlauen!

hatten zu Zeiten der Dampfschifffahrt eine interne Geheimsprache, die → *Ketelklopper*-Sprache, die mit ihren Puzzleartigen Konsonantenverschiebungen samt angehängtem i wohl weniger formbildend für ganz Hamburg denn eine Abschirmung gegen andere Gruppen und Schichten war, um Außenstehende auszuschließen[14]. Wenn Kinder sie spaßeshalber lernten, verwirrten sie damit höchstens die Eltern am Abendbrottisch: *ibgi irmi ittebi almi idi utterbi*[15].

NACHTJARGON

Der Abschirmung gegen Außenstehende diente auch der Hamburger → *Nachtjargon*, die auch als *Luden-Abc* bezeichnete interne Sprache auf dem → *Kiez* von St. Pauli. Die Akteure des mehr oder weniger horizontalen Vergnügungsgewerbes, die Zuhälter, Prostituierten, Türsteher, *Koberer* (Animateure), Barbesitzer, Kellner und Zocker, verstanden sie, die Freier hingegen sollten sie nicht verstehen. Teilweise handelte es sich um Verfremdungen scheinbar alltäglicher Wörter[16]. Wenn ein → *Lude* sein Mädchen mit Blick auf einen Kunden anwies: „Ein Lübecker reicht nicht, der muss einen Schein springen lassen", wird der Besucher nicht unbedingt erkennen, dass er statt 50 Mark (*Lübecker*: Fünfzigmarkschein mit dem Holstentor) jetzt 100 Mark (*Schein*: Hundertmarkschein) bezahlen soll.

---

14   Christoph Rind: Hamburgs Geheimsprache. HA 12. 2. 2002 Wissen S. 1

15   Gib mir bitte mal die Butter.

16   sog. Neosemantisierung

Der Münsteraner Sprachwissenschaftler Klaus Siewert hat nicht nur die Ketelklopper-Sprache, sondern auch Hamburgs Nachtjargon erforscht[17], und zwar mithilfe des Hamburger Abendblatts und seiner Leser[18]. Wir finden milieutypische Überschneidungen mit der Gauner- und der Knastsprache, dem Jargon der Schausteller, Marktbeschicker, dem der Polizei der Davidwache[19] und mit anderen Kiezsprachen. Nur in Hamburg existieren konnten allerdings lokale Bezeichnungen wie *Karussellkaschube* für das drehbare Restaurant auf dem Telemichel oder *Schmiermichel* als Spottname für einen Streifenpolizisten, der sich daraus erklärt, dass die Funkleitzentrale früher im → *Michel* untergebracht war.

Der Nachtjargon war im Wesentlichen fixiert auf den Stadtteil, in dem das Nachtleben stattfand. Natürlich ließ es sich nicht vermeiden, dass das eine oder andere Wort das Millerntor passierte oder das Nobistor in Richtung Altona und Hafen. Jürgen Roland (1925–2007) gab uns 1964 in seinem Film „Polizeirevier Davidswache"[20] einen Einblick in das Milieu und den Jargon des Hamburger Rotlichtviertels. In der Zeit begann allerdings bereits der Untergang der Kiezsprache. In den Achtziger- und Neunzigerjahren des vergangenen Jahrhunderts wurden die deutschen „Rotlichtkönige" durch anderssprachige Gruppen verdrängt. Mit den Russen, Türken und Albanern änderte sich der Umgang und vor allem die Umgangssprache.

---

17 Siewert: Hamburgs „Nachtjargon"
18 Christoph Rind: So spricht der Kiez. HA 3.9.2003 S.31
19 Davidwache: Polizeikommissariat 15 an der Reeperbahn Ecke Spielbudenplatz/Davidstraße
20 Der Filmtitel schreibt die Davidwache fälschlicherweise mit Fugen-s.

ROTWELSCH

Der Sammelbegriff für die Geheimsprache gesellschaftlicher Randgruppen wird als *Rotwelsch* bezeichnet oder schlicht als „Gaunersprache" beziehungsweise „Bettlerlatein".

Rot hieß im späten Mittelalter der lügend und betrügend umherziehende Berufsbettler, Possenreißer und Gaukler, eben das gesamte fahrende Volk, als *welsch* galten die romanischen Sprachen, und weil man sie nicht verstand, war eine welsche Redeweise gleich einer unverständlichen Redeweise [21] (vgl. *Kauderwelsch* [22]).

Rotwelsch ist im Laufe der Jahrhunderte keineswegs geheim geblieben. Viele Begriffe gingen in die Alltagssprache ein, auch in Hamburg wie → *Kaff*, → *Kien*, → *Monarch*, → *Schlawiner* oder → *Schmu*. Die Abendblatt-Leser kannten sie und erinnerten sich, sodass wir sie nicht aus unserer Sammlung verbannen wollen, nur weil ihr Ursprung nicht direkt zur Alsterquelle weist.

Eines der Lieblingswörter meines Vaters war *Tinnef* [23]. Immer wenn ich als Kind auf dem Rummel [24] oder aus dem Schaufenster des Spielwarenladens etwas Glitzerndes und in meinen Augen ungeheuer Wertvolles haben wollte, erklärte er kategorisch, das sei doch Tinnef – ich weiß bis heute nicht, ob aus Qualitätsbewusstsein oder aus Geiz.

---

21 Wolf: Wörterbuch des Rotwelschen S. 9
22 kaudern: hausieren, makeln
23 rotw. Dreck, Schund; jidd. tinneph: Kot, Unflat
24 Jahrmarkt

SCHIMPFWÖRTER

Geschimpft wird überall. Das entspannt die Seele und reinigt die Atmosphäre – oder beschäftigt den Amtsrichter und ernährt den Advokaten. Ob in Hamburg mehr geschimpft wird als anderswo, wage ich nicht zu entscheiden. Es fällt jedoch auf, dass es Reinhard Goltz (geb. 1953 auf Finkenwerder) gelang, auf den 160 Seiten seines „Schimpfwörterbuchs" mehr als 2000 Hamburger Schimpfwörter von → *Achterloder* bis *Zwickel* [25] zusammenzutragen [26]. Man weiß nicht, was man mehr bewundern soll – seine Sammelleidenschaft oder den Einfallsreichtum der Hansestädter, wenn es darum geht, seinem Nächsten etwas an den Kopf zu werfen (verbal natürlich).

Goltz beruft sich auch auf den langjährigen Harburger Bundestagsabgeordneten Herbert Wehner (1906–1990), wahrlich einen der größten Schimpfer vor – nein, bei Wehner nicht vor dem Herrn, sondern vor dem Bundestag. Doch Wehner war eigentlich gar kein Hamburger, sondern Sachse, was die Austauschbarkeit solcher Ausdrücke in allen deutschen Landen zeigt.

Geschimpft wurde in Hamburg hauptsächlich auf Platt. Das klingt nicht so hart. Stellen Sie sich vor, Ihr Nachbar nebelt Sie auf Ihrer Terrasse gerade mit dem Qualm eines Kartoffelfeuers ein, und Sie nennen ihn laut durch die Siedlung einen *blöden Dummkopf*, dann springt bestimmt sogleich ein

---

25 eitler Mann
26 Goltz: Von Blubberbüxen, Landhaien und Troonbüdels.
     Das Schimpfwörterbuch für Hamburger

unterbeschäftigter Anwalt aus dem Busch. Murmeln Sie aber ein verächtliches → *Döösbartel*, dann wird er in sich gehen und das Feuer austreten.

Es verbietet sich auch, auf Hochdeutsch das Wort *Sch...kerl* zu benutzen, das wir an dieser Stelle nur mit drei Pünktchen wiederzugeben wagen. Sagen Sie aber stattdessen auf Platt → *Schietbüdel*, dann klingt das recht vertraulich. Einem kleinen Jungen gegenüber kann *mien lütt Schietbüdel* sogar ein Kosename sein, der in seinem Zärtlichkeitsgehalt nur noch vom *Büxenschieter* übertroffen wird.

AUSWAHL

Aus allen diesen Quellen haben wir eine Auswahl hamburgischer Begriffe herausgesucht und sie ergänzt mit → *Hamburgensien*, etwa zu den → *Jungfern* auch den → *Jungfernstieg* gestellt. Dazu finden Sie biografische Notizen über einige verstorbene Persönlichkeiten, die das Hamburgische entweder geschrieben oder vorgetragen haben. Diese Auswahl ist willkürlich und unvollständig. Jeder Leser des Buches wird andere Vorstellungen haben, wird gerade das Stichwort vermissen, das er für das wichtigste hält. Aber die Sammlung muss ja nicht mit diesem Band beendet sein. Wir horten weiter. Schreiben Sie uns eine E-Mail.

In erster Linie haben wir zu Wörtern, Zitaten und Redensarten gegriffen, die ich selbst von früher kannte oder die sich aus der unerschöpflichen Quelle des → *Hamburgischen Wörterbuchs* auftaten. Das vorliegende Lexikon ist kein Nachdruck der Abendblatt-Serie „Sprechen Sie Ham-

burgisch?", sondern versteht sich als Buch zur Serie, das
zahlreiche Vorschläge und Anregungen aus der Leserschaft
aufgreifen konnte.

Das absolute Lieblingswort der Hamburger schien dabei
der Begriff → *appeldwatsch* zu sein. Der klingt so schön
→ *dwars*. Das Adjektiv → *eisch* dürfte wenigstens 500 Mal
vorgeschlagen worden sein, und diese Quantität weist auf
die Qualität des Begriffs in der Erinnerung der Leser hin.
Jede Zuschrift war eine große Hilfe. Zwar wäre das Buch
sicher zwei Monate früher fertig geworden, wenn die tägliche Korrespondenz mit interessierten Hamburgern nicht
gewesen wäre, die teilweise über die erste Lautverschiebung
hinaus bis ins Indogermanische getrieben werden musste.
Aber dann hätten auch manch wertvoller Hinweis und manch
notwendige Korrektur unterbleiben müssen. Ich möchte
diesen Dialog nicht missen.

ZUM SCHLUSS EIN DANKESCHÖN

Eigentlich wäre es notwendig, jetzt Hunderte, ja, Tausende
von Namen der Leserinnen und Leser von Silke Frakstein
bis hin zu Olaf Haselhorst aufzuzählen, die sich beteiligt
haben, und ihnen allen einzeln für ihr Interesse an der
Hamburgisch-Serie zu danken. Ich möchte stattdessen stellvertretend für alle Einsender zwei Personen nennen und
ihnen für ihre Unterstützung ein herzliches Dankeschön
sagen – einmal Elke von der Heide, eine frühere Mitarbei-
terin der Arbeitsstelle Hamburgisches Wörterbuch, die uns
nachhaltig an die Schätze der Sammlung heranführte, und
dann den inzwischen 88 Jahre alten Gerhard von Harscher,

der seit 25 Jahren kritisch die Orthografie des Hamburger Abendblatts überwacht und der sich jetzt auch als ein profunder Kenner des Hamburgischen gezeigt hat.

Doch halt, ein weiterer Dank eines Ruheständlers sei gestattet, nämlich an meine Kollegin Ina-Maria Nießler, die in der Redaktion die Manuskripte unermüdlich in die Serien-Kästen übergeführt hat. Sie ist, das lässt sich nicht verschweigen, ein ↪ *Quiddje* – in Thüringen geboren und während der Wende gar in Leipzig tätig –, aber nach der 250. Folge kann man sagen, dass sie inzwischen ganz passabel Hamburgisch versteht.

Auch ich wünsche Ihnen viel Spaß bei der Lektüre.

Ihr

Peter M. Schmachthagen

Hamburg, den 15. Oktober 2009

DER AUTOR

wurde 1941 in Bad Oldesloe geboren und wuchs kriegs-
bedingt, der Vater im Felde und die Mutter allein mit zwei
Buchhandlungen, in plattdeutscher Umgebung zwischen
Großeltern, Tanten, Kusinen und → *Butenhamborgern* auf.
Nach dem Studium der Germanistik und Geschichte war er
erst Chefredakteur einer Zeitung in Schleswig-Holstein und
anschließend bis zur Pensionierung im Jahre 2006 Chef vom
Dienst des Hamburger Abendblatts.

E-Mail: briefe@abendblatt.de (Betreff: Hamburgisch)

Tauben, Tauben, Tauben – mehr Vögel als Menschen auf dem Rathausmarkt um 1960, zu einer Zeit, als noch die Elektrische fuhr.

HAMBURGISCH –
BINNEN UN BUTEN

A

Aal [spr.: o:l] (a.: *Ool*). Obwohl die Flussaale weit wandern und weit verbreitet sind, scheint ihnen ganz Deutschland einen besonders engen Bezug zu Hamburg zu unterstellen. Sobald sich der Aal im Frühjahr in der Elbe zeigt *(de Ool löppt al)*, beginnt der Fang und dauert bis in den Winter. Bei schwülem Wetter beißen die Aale besonders gut *(de Ool bitt)*. Jungaale – nach der langen Rückreise vom Laichplatz in der Sargossosee – sind Glasaale *(Glasool)*, größere *Poggenslucker* („Froschschlucker") oder *Spitzkopp*. „Spitzkopfaal" auf der Speisekarte ambitionierter Restaurants klingt nach etwas Besonderem, ist es aber meistens nur beim Preis. Der Kopf des Aals galt als giftig. Um Trunksüchtige zu heilen, flößte man ihnen Branntwein ein, in dem ein Aal verendet war. Warzen wurden mit Aalblut betupft, das, wie wir heute wissen, ein Nervengift enthält. Deshalb muss dieser Fisch immer gekocht oder geräuchert werden. Junge Aale und anderes Getier verstopften im 19. Jahrhundert häufig die maroden Hamburger Wasserleitungen. Daher die Redensart: *se hett 'n Ool in de Waterleitung hatt* (sie ist schwanger geworden).

Ein Aal in der Elbe – auf dem Weg nach Hamburg

Aale, Aale (Aalverkäufer) → *Aalweber*

Aalsuppe Kein Hamburger muss die heimische *Aalsuppe* mögen (und die meisten mögen sie auch nicht), aber jeder Hamburger sollte sie kennen, und sei es zur Warnung. Es handelt sich um eine *suur Supp* (saure Suppe), die man besser als süßsaure Suppe bezeichnen könnte. Übrigens: Aal kann, muss aber nicht hinein, doch sonst so ziemlich alles, was Speisekammer und Kräuterbeet an Resten hergeben: Dörrobst, Karotten, Sellerie, Petersilienwurzel, Porree, Salz, Pfeffer, Zucker, Essig, Stärke, Petersilie, Dill, Thymian, Kerbel und Zitronenmelisse. Und dann wäre da noch ein deftiger Schinkenknochen, der dem Ganzen diesen eigenartigen Geschmack verleiht.[27] Familien, Wirte und manche Vereine benutzen unterschiedliche Rezepte, die teilweise recht aggressiv verteidigt werden.

Aalweber → Biografie S. 41

Aant [spr.: oːnt] Ente. Wer *Aanten vun 'n Diek*[28] *fleiten* will, bemüht sich vergebens. Enteneier galten im Volksglauben als giftig. Angeblicher Grund: *Aanten poort sik mit Snaken* (Enten paaren sich mit Schlangen). Übertr. *Aantje in 'n Sack* (ein im Tuch gekochter Pudding); *twee dulle Aanten* (bildl. für die Zahl 22). Vgl. → *Entenflott*

---

27 Rezept nach Hummelbuch S. 85
28 Teich

Aas (Plur. *Öös*, verst. *Ööster*) bedeutet hier nicht 1. Kadaver, sondern 2. lästiger Mensch od. widerborstiges Tier, auch fehlerhafte Sache; *keen Aas* (keiner); *'n fienes Aas* (ein vornehmer Zeitgenosse); *dat Aas vun Melkmann; wat harrn de Ööster doch wedder 'n Barg Ogen!* (die Kartoffeln waren voller Augen).

abkönnen „Das kann ich nicht ab!", sagt der Hamburger, wenn er etwas nicht vertragen kann oder ertragen will: den Lärm, das scharf gewürzte Essen, ein bestimmtes Getränk oder das schwüle Wetter.

abkriegen heißt ugs. abbekommen. „Da krieg ich aber was von ab!", meldete sich der Bruder, wenn die Schwester eine Tafel Schokolade geschenkt bekam.

achteihn (*achtein*) Zahlw. achtzehn. Bei einer so relativ hohen Zahl bestand die sprichwörtliche Befürchtung, es könnte nicht korrekt gezählt worden sein, unter Umständen mit Absicht; *he hett söventeihn Handwark un achteihn Unglück* (er fängt zu viel an und bringt nichts ordentlich zu Ende). Übertr. zur negativen Verstärkung gebraucht: *Tüffelachtein* (ein nicht mehr zu übertreffender Trottel), *Püttjerachtein* (Pedant).

Achterloder „Hinterlader", nicht nur auf alte Schusswaffen, sondern übertr. auch auf Leute mit einer bestimmten Orientierung angewendet.

Adeboor (Storch) → *Ebeer*

Adschewinas bedeutet Unsinn; *mach kein Adschewinas* (mach keinen Unsinn, mach keinen Mist)[29].

afbuddeln (abbuddeln; *afsupen*) 1. ist ertrinken, versinken, untergehen, z. B. von Schiffen; *he hett den Ewer[30] afbuddeln laten; de Kasten is uns afbuddelt*. 2. Da ein → *Buddel* alles Mögliche, aber bekanntermaßen nicht selten Schnaps enthalten kann, bedeutet jmdn. *afbuddeln* auch, einen Zechbruder unter Alkohol zu setzen, bis er vollkommen → *duun* war; *wi harrn em bannig afbuddelt*, hieß es dann.

afsölen heißt, etwas nur oberflächlich zu reinigen. Wer nach dem Abräumen den Tisch mit einem vielleicht nicht ganz sauberen → *Fatuch* nur flüchtig *afsöölte,* der ließ nicht die erforderliche Sorgfalt und Reinlichkeit walten.

Alsterwasser An einem Sonntag im Juni 1922 sah sich Franz Xaver Kugler, der Wirt einer Ausflugsgaststätte vor den Toren Münchens, einem großen Ansturm einkehrender Radfahrer gegenüber, sodass ihm seine Biervorräte auszugehen drohten. Er streckte das Bier für die durstigen Radler mit Zitronenlimonade, was sich als überaus erfrischend erwies. Das neue Getränk verbreitete sich rasch als *Radler* und wurde in Norddeutschland wegen seiner reinen und hellen Farbe *Alsterwasser* oder kurz *Alster* genannt. Wirklich, gemeint ist das Hamburger Binnengewässer, das damals eine Farbe gehabt haben

---

29   Siewert: Nachtjargon S. 39
30   Elbsegelschiff

Aalweber auf dem Rathausmarkt um 1960

Aalweber

Der *Aalweber* war ein bekanntes Hamburger Original während der Biedermeierzeit namens Karl Weber, von Haus aus eigentlich ein Bürstenmacher. Er hatte eingesehen, dass sich geräucherte Aale besser an den Mann bringen ließen als Bürsten und Schrubber, und so zog er abends in heller Jacke, roter Weste und mit weißem Zylinder durch Straßen und Kneipen, um seine Aale feilzubieten. Wegen seiner flotten Sprüche wurde er die Ware reißend los, trotzdem starb er 1854 mittellos im Armenhaus. Da geräucherte Aale zu Hamburg gehören wie Elbe und Alster, hat er viele Nachahmer gefunden, die sich ebenfalls Aalweber *(Aalwever)* nannten. Das rhetorische Talent eines dieser fliegenden Fischverkäufer, der stets mit einer blumengeschmückten Melone auf dem Kopf auftrat, reduzierte sich allerdings auf den stereotypen Ausruf *„Aale, Aale!"* Deshalb wurden er und Marktschreier seines Schlages nach dem Zweiten Weltkrieg spöttisch so genannt. Mit bürgerlichem Namen hieß er Karl-Wilhelm Schreiber. Er starb 1970 in Farmsen.

muss, wie es sie später nicht mehr hatte und heute noch nicht wieder hat. Die beiden Namen streiten in Deutschland um Alleingültigkeit, sodass manche Brauereien, die den Bier-Limonaden-Mix fertig in Flaschen vertreiben, vorn „Radler" und hinten „Alsterwasser" auf die Etiketten schreiben, eine Brauerei ganz im Norden mit ihrem konservativen Bügelverschluss allerdings dick „Radler" statt „Alster", was man schon fast als Verrat an der norddeutschen Eigenständigkeit betrachten könnte.

Altjahrsabend (*Ooltjohrsavend*, a.: *Neejohrsavend*) Silvester, der Tag und die Nacht vor Neujahr. Ihm folgt der *Neejohrsdag,* der erste Tag des neuen Jahres. Der Jahreswechsel war von allerlei Bräuchen, Lärm und Aberglauben begleitet. Das *Afscheten*[31] des alten Jahres, das Abfeuern von Schüssen, wurde wiederholt und im 19. Jh. schließlich ganz verboten. Man behalf sich mit Feuerwerk – bis heute. Die Kinder liefen → *Rummelpott.*

Altona Jeder kennt den westlichen Bezirk *Altona,* der heutzutage ein entscheidender Teil der Freien und Hansestadt Hamburg ist. Er wurde aber erst 1937 mit dem Vollzug des → *Groß-Hamburg-Gesetzes* eingemeindet, und zwar als bis dahin selbstständige Großstadt in der preußischen Provinz Schleswig-Holstein. 1640 war die Stadt unter dänische und 1866 unter preußische Herrschaft gekommen. Die Keimzelle soll aber eine Rotbierkneipe von üblem Ruf gewesen sein, die 1536

---

31   das Abschießen

ein Mann von der nicht mehr existenten Insel Grevenhof gegründet hatte und um die herum sich Handwerker und Fischer ansiedelten – nach Ansicht des Hamburger Rates *al to nah* (allzu nah) an der Stadtgrenze. Reim: *Hamborg is 'n grote Stadt, / Altona is ook noch wat, / Niemöhlen is 'n Waterpool[32], / Ottensen is 'n Schietstohl.* Zwischen Hamburg und Altona herrschte lange Zeit eine Rivalität, die bis zur Überheblichkeit gehen konnte: *Platz dor in 'n Rönnsteen[33]!, sä de Hamborger to 'n Altonaer, ik bün en Hamborger Börger!*

Altstadt Wenn die alten Hamburger sagten, sie wollten „in die Stadt" fahren, so meinten sie damit das Kerngebiet der Hansestadt, die Innenstadt, die etwa die ursprünglich bischöfliche *Altstadt* und die gräfliche *Neustadt* der Schauenburger umfasste. Das heutige Hamburger Staatsgebiet entstand erst 1937 mit dem → *Groß-Hamburg-Gesetz*. Eine historische Altstadt mit Gebäuden aus früher Zeit gibt es kaum noch. Hamburg ist mehrfach abgebrannt (*Großer Brand* 1842), abgerissen *(Gängeviertel)* und vor allem ausgebombt worden. So steht das älteste erhaltene Gebäude Hamburgs auch nicht in der Altstadt, sondern mehr als hundert Kilometer entfernt in der Elbmündung; es ist der 1310 fertiggestellte Wehrturm der Insel *Neuwerk*.

Altstädter (Mütze) → *Elbsegler*

---

32 Wasserpfütze
33 Rinnstein

Der alte Altonaer Hauptbahnhof (Außenansicht 1959)

anköteln bedeutet sich anbiedern, einschmeicheln, heranmachen; *de will sik bloots anköteln.* Schimpfw.: *Anköteler* (Schmeichler).

appeldwatsch ist eine Steigerung von *dwatsch,* etwa in *dat is appeldwatsch,* was so viel bedeutet wie *dat is dumm → Tüüch* (dummes Zeug). *dwatsch* ist der Missingsch-Ausdruck für das ndd. → *dwars* od. *verdwars* (quer, querköpfig, verschroben, albern, wunderlich, schlecht gelaunt, grob, frech); *komm mi nich dwars!* ist eine Warnung und heißt: „Komm mir bloß nicht dumm!" *dwars un dweer* ist kreuz und quer, *dwars kieken* ist schielen, *Dwarsdriever* bedeutet Dickkopf od. Quertreiber und in der Seemannssprache jemand, der sein Schiff falsch steuert. Ein → *Dwarslöper* ist ein Tier, das *dwars,* also quer läuft; hd. sagen wir Krebs dazu und im übertr. Sinne Querulant.

Appelgriepsch heißt der nicht mitgegessene Rest des Apfels (Blüte, Kerngehäuse, Stiel).

appelkatoolsch Steigerung von → *katoolsch.*

as (wie, als) → Leserbrief S. 47

asen aasen. 1. Kot hinterlassen; *de Peer harrn dor aast.* 2. schmutzige Arbeit machen; *in 'n Schiet asen.* 3. meist jedoch im Sinne von verschwenden, mit etw. nicht sparsam umgehen gebraucht: *aas nich so mit de Botter!*

As du meinst, Bertha!

Typisch hamburgisch ist ein plattdeutsch-hochdeutscher Mix wie zum Beispiel das *„As du meinst, Bertha!"*, das durch die Fernsehaufzeichnung von „Das Hörrohr" im → *Ohnsorg-Theater* zum geflügelten Wort in ganz Deutschland wurde[34]. Im Plattdeutschen wird *as* als „wie" gebraucht, oft auch als „als". Daraus entstand im Hamburgischen das „als wie"; aber nicht nur in Hamburg, denn Goethe ließ seinen Faust sagen: „Da steh ich nun, ich armer Tor, und bin so klug *als wie* zuvor." Die Hamburger gingen mit schlüpfrigen Redewendungen nicht gerade zimperlich um. So sagt man bei Schnupfen: *mien Nees löppt as 'n Brögamsdietel*[35]. Und „Kommt Zeit, kommt Rat" heißt auf Plattdeutsch: *Koomt Kinner, koomt Titten.*
                                                    Gerhard von Harscher

Ausruf Ausrufe waren früher gang und gäbe. Ausrufer zogen mit einer Glocke durch die Stadt, läuteten in gewissen Abständen und trugen dann eine Bekanntmachung vor. Auch die Straßenverkäufer, die Lebensmittel, Handwerksartikel, Naturalien, Brennmaterial, Fisch, Geflügel und Kleintiere anboten, hatten im 19. Jh. ihre festen, meist wenig einfallsreichen Rufe, sodass in den Gassen, Gängen und Märkten der Hansestadt ein pausenloses Geschrei geherrscht

---

34 Im plattdeutschen Original „Dat Hörrohr" von Karl Bunje: „As du meenst, Bertha!" In einer bekannten Inszenierung an den Großen Bleichen spielte Jochen Schenck den tutigen Hoferben Jochen Meiners und Christa Wehling seine herrische Frau Bertha.

35 Brögam: Bräutigam

DER Ausruf in Hamburg

vorgestellt in

Ein hundert und Zwanzig

Colorirten Blättern

gezeichnet radirt und geäzt

von

PROFESSOR SUHR.

mit Erklärungen begleitet

HAMBURG

1808

haben muss. Im „Hamburger Ausruf" von 1808 verewigte *Christoffer Suhr* die unzähligen Straßenverkäufer in Kupferstichen. Zu den Blättern gab es gedruckte Erläuterungen. Dabei klangen durchaus nachdenkliche Töne an, etwa zu dem Bild der Singvogelverkäuferin: „Zuweilen gehen auch einige Bauerweiber damit in der Stadt umher, und bieten ihre Waaren mit dem eintönigen Geleier: *ook Singvagels*, zum Verkauf aus. Der Ton liegt hierbei auf der letzten Sylbe. [...] Zuweilen sieht man wohl auch Bauerknaben, besonders bei den kleinen Torfwagen, mit ganzen Vogelnestern, welche sie für eine Kleinigkeit verkaufen, wobei aber der Käufer die Mühe der Atzung hat. Dieser Handel sollte nicht so ohne Einschränkung erlaubt sein. Man würde auf den Gärten in Barenfeld, Eimsbüttel, Bostel[36] u.s.w. nicht so viel von Fliegen und Mücken geplagt werden, wenn die Vögel vor Nachstellungen sicherer wären; des Vergnügens nicht zu gedenken, welches der Gesang gewähren würde."

Außenbordskameraden Der Angler od. Fischer sitzt im Boot, die Fische schwimmen außerhalb im Wasser, und wenn sie gefangen werden, gibt's zu Mittag *Außenbordskameraden* zu essen. Fisch kam auch im protestantischen Hamburg häufig freitags auf den Tisch.

Links: Beschreibung des Ausrufs in Hamburg von Christoffer Suhr zur Erklärung der 120 Kupferstiche. Mit einer Vorrede von Pastor K. I. H. Hübbe aus Allermöhe im Billwärder bei Hamburg, den 21. Oktober 1807

---

36 hist. Originalschreibweise

B

Baas ist 1. der, der zu sagen hat: Herr, Meister, Chef, Boss; Anrede der Lehrlinge und Gesellen gegenüber den Handwerksmeistern (ein *Schoosterbaas* z. B. ist ein Schuhmachermeister), ebenso im Hafen bei den *Quartiers*- und → *Schauerleuten*, Ewerführern usw. Matrosen redeten den Herbergswirt *(Slaapbaas)* od. den Stellenvermittler für Seeleute *(Hüürbaas)* so an. Der Spielleiter einer → *Speeldeel* ist der *Speelbaas*. 2. *Baas* war aber auch der Erste auf seinem Gebiet, der Beste, der Überlegene; *he is de Baas in de School. Jan Baas* bezeichnet einen starken, kräftigen Menschen, während *Baaskeerl* für einen „Helden" eher ironisch gemeint ist.

Babutz (→ *Barbier*) → *Putzbüdel*

backe Kinderspr.: fein, gut; *au backe, dat ward 'n Ei.*

backen blieven war der Albtraum ganzer Schülergenerationen: sitzenbleiben, am Ende des Schuljahres nicht versetzt werden.

backich (*backsich*) 1. klebrig. 2. muffig; wenn das Heu warm und schimmelig geworden war, war es *backich*.

Backs (Plur. *Backsen*) leichte Ohrfeige, Schlag ins Gesicht; *'n Backs kriegen, dat du platt op de Eer liggst* od.: *dat du in de Alster fallst; de Buddel 'n Backs geben* (einen gehörigen Schluck aus der Flasche nehmen). *backsen* (ohrfeigen), a.: → *Marmeln* spielen.

Bagaasch Bagage, eigtl. *Packelaasch* für Gepäck, übertr. Pack, Gesindel; *de ganze Bagaasch*.

Bagalut (*Bagaluut*) bedeutet so viel wie Lump, Grobian od. Spitzbube, wenn auch mit kumpelhaftem Unterton. Vermutlich stammt das Wort aus der Seemannssprache und ist aus dem engl. *bag o'loot* (Beutel voller Diebesgut) hervorgegangen. Die Mitglieder der Band „Torfrock" bezeichnen sich als *Bagaluten*. Zu Weihnachten gaben sie Konzerte unter dem Namen „Die Beinharte Bagalutenwiehnacht".

Baggermaschien ist nicht nur ein Bagger, also eine Maschine zum Baggern, sondern übertr. auch eine dicke und unförmige Person.

Baggermatsch Sicher hat der *Baggermatsch* etwas mit dem Bagger od. baggern zu tun, aber in der Kindersprache bedeutet der Ausdruck generell Matsch od. Schlamm, der früher wie heute die Kinder magisch anzieht, besonders wenn sie gerade fein herausgeputzt worden sind. Syn.: → *Slackermatsch*

Balje (Plur. *Baljen*) bezeichnete urspr. einen großen runden Holzzuber, der entweder auf drei Beinen oder auf einem Waschbock stand. Später wurde die *Balje* aus Zink gefertigt und erhielt eine ovale Form. Eine solche Wanne war unverzichtbar zum Wäschewaschen oder um die Kinder sonnabends in der Küche nacheinander in demselben Wasser abzuseifen (→ Hein Köllisch: *de Mudder seept de*

Göörn, vun achtern un vun vörn). Eine Balje war größer als eine → *Bütt*, aber nicht so tief wie eine *Tünn* (Tonne). → unten stehenden Leserbrief

LESERBRIEF

De Mudder seept de Göörn

Hallo Abendblatt! Als Leserin freue ich mich über die gesammelten Hamburger Wörter sehr! Es gibt noch ein paar, die ich kenne: *Waschbalje,* das ist eine Wanne aus Zink, in der wir Kinder in den Fünfzigerjahren abgeseift wurden, denn Badezimmer gab es ja in vielen Wohnungen nicht. Also wurden einige Kessel heißes Wasser in die Waschbalje gekippt, die zwischen zwei Stühlen in der Küche stand. Nacheinander kamen wir Kinder da hinein. Übrigens wurde die Waschbalje auch zum Waschen der Wäsche gebraucht. Nachdem die Wäsche im Keller im Waschkessel gekocht hatte, wurde sie mit einem *Paddel* in die *Balje* gehievt und dann mit der *Waschruffel* bearbeitet. So ein Waschbrett kennen die jüngeren Leute wohl eher als Musikinstrument der Skiffle-Musik. Ich wünsche Ihnen weiterhin viel Erfolg! Ihre *Heidi Sch.-B. (65 Jahre)*

Bananendampfer wurde ein schnelles Frachtschiff für den Transport von Südfrüchten, meist aus Mittelamerika, genannt, in der Regel als Kühlschiff ausgelegt.

Bangbüx Unter *Bangbüx* versteht man in Hamburg „Angsthase", obwohl die exakte Übersetzung „Angsthose" lauten müsste. Aber nach einer alten Volksweisheit macht sich die Angst ja manchmal sehr unangenehm in der Hose bemerkbar. Die → *Büx* ist die Hose, *bange* ist ängstlich.
Der Angsthase wird seit Jahrhunderten wie der Hasenfuß auf das Stereotyp vom furchtsamen Hasen bezogen.

bannig (*bannich*) heißt als Adj. außerordentlich; *dat hett uns bannigen Spaß maakt*. Als Adv. steigert *bannig* eine Aussage: *du hest bannig Glück* (großes Glück); *he is bannig klook; dat sneet bannig* (schneit stark); *dat güng ja bannig* (schnell).

Es ist Sonnabend, und die Kinder werden in der Balje gebadet – eines nach dem anderen.

Barbier In Hamburg bildeten die *Barbiere* 1486 eine eigene Zunft außerhalb der *Bader* (Betreiber einer Badestube zur Körperpflege und einfachen medizinischen Behandlung). Ihr Angebot war vielseitig und reichte bis zur Tätigkeit als „Arzt der kleinen Leute". Sie zogen Zähne, heilten Brüche, *schröpften* die Menschen (ließen sie zu Ader), verabreichten Einläufe, stachen die Augen beim Star, amputierten Gliedmaßen und „operierten" bei schwierigen Geburten. Als es (glücklicherweise) immer mehr akademisch ausgebildete Mediziner gab, blieben für den Barbier nur die gering bezahlten Tätigkeiten als Perückenmacher, aus dem sich der Damenfriseur entwickelte, und das Bart- und Haareschneiden als Herrenfriseur – nach der Erfindung des Rasierapparats 1901 durch King C. Gilette zum Hungerlohn. Der Begriff stammt vom lat. *barbarius* (Bartscherer). Vgl. → *Putzbüdel*

Barmbek basch (flegelhaft wie in Barmbek) → *basch*

Bartschraper (Friseur) → *Putzbüdel*

basch steht im Plattdeutschen für derb od. scharf. So kann eine Speise *basch* gewürzt oder der Käse basch, also überreif sein. basch bedeutet darüber hinaus rüpelhaft, was in dem Ausdruck *Barmbek basch* dokumentiert wird, mit dem die Barmbeker Jugend aus der Sicht „vornehmerer" Stadtteile belegt worden ist. Ein einzelner Halbstarker aus jener Gegend mit dem schlechten Image wird *en Barmbek-Baschen* genannt; *Barmbek basch danzen* (Walzer mit einem Doppelschritt tanzen) gehörte auch nicht zur Etikette. Der Begriff *basch* kann aber auch einen positiven Sinn haben: „Das ist basch!" soll in der neudeutschen Umgangssprache ausdrücken: „Das ist cool!"

Baum hier: Schlagbaum (*Rotherbaum*).

begöschen (*begööschen*) heißt, jmdn. besänftigen, durch gutes Zureden beschwichtigen und vor allem Kinder, die sich wehgetan hatten, trösten; wohl von *Gööschen* (Gänschen), das nicht nur in Hamburg häufig in Trost-Versen für Kinder auftaucht („Heile, heile, Gänschen").

begrasmardeln (*beglasmarmeln*) bedeutete urspr., jmdn. beim *Marmelspiel* um eine *Glasmardel* zu betrügen, falsch spielen, bestehlen, den anderen „anführen" (täuschen). Raa.: *sik begrasmardeln laten* (die Flinte ins Korn werfen); *dat wüllt wi woll begrasmardeln* (fertigbringen); *laat di begrasmardeln!* (lass dich begraben). Der damalige Bundesfinanzminister Hans Apel, ein echter Barmbeker Jung, sagte 1974 in einem „Spiegel"-Interview, ohne Solidarität könne sich die SPD *begrasmarmeln* (begraben) lassen. Der „Spiegel": „Begrasmarmeln ist uns neu." Dieser hamburgische Ausdruck wurde danach durch die Republik gereicht, aber kaum jemand verstand ihn.

benaut fühlt man sich, wenn man betrübt, bedrückt od. verlegen ist.

Bickbeeren Die Hamburger sprechen nicht von Heidel- od. Blaubeeren, sondern von *Bickbeeren*. Ruf der Straßenhändler und Marktweiber: *himmelblaue Bickbeern!; grote* *blaue Bickbeern!* Gegenruf der Straßenjungen: *dicke Deern!*; *bickbeernblau* (total betrunken); *Bickbeernmuul* (blauer Mund). *Bickbeernmus* (Siebensachen); *Bickbeernwater* (schlechter, gepanschter Rotwein). Getrocknete Bickbeeren sollten ein Mittel gegen Durchfall sein.

Bickbeernmus wird scherzh. für Siebensachen od. Hab und Gut gebraucht. Alte Hamburger sagten dazu auch *Backbeernmus* od. nur *Backbeern*, womit nicht die Backbirne, die gedörrte Birne, sondern übertr. der Plunder od. Krimskrams gemeint war.

bis die Tage! Dieser Ausdruck, der sich so hamburgisch und gemütlich anhört, ist ein Gruß zum Abschied, der vielen vertraut sein dürfte.

Bickbeerenverkäuferin

Bleefedder (od. *Bleesticken*), der Bleistift, gehört bis heute in jede Federtasche. Die ganz alten Hamburger haben als Abc-Schützen ihre ersten a, e und i noch mit dem Griffel auf die Schiefertafel gemalt, die mit einem kleinen Schwamm aus der Schwammdose gereinigt werden musste. Dieser Schwamm war entweder knochentrocken oder so klitschnass, dass er Ranzen und Fibel durchweichte. Deshalb schrieb man so bald wie möglich mit dem Bleistift in ein Heft, das Doppellinien für die Unter- und Oberlängen aufwies. Da die Schüler jedoch nahezu pausenlos den → *Ratschefummel* (Radiergummi) benutzten, mussten Klassenarbeiten mit Tinte angefertigt werden. In den alten Pulten à la „Feuerzangenbowle" waren oben kleine, offene Tintenfässer eingelassen, die der Hausmeister eifrig aus einer Schnabelkanne mit Schultinte auffüllte – leider meistens zu voll, sodass es kaum einen Schüler ohne Tintenflecke an Kleidung und Händen gab.

Blockwagen Der *Blockwagen,* ein vierrädriger Handwagen mit Deichsel, war im Krieg und in den Nachkriegsjahren ein lebenswichtiges, ja, überlebenswichtiges Transportmittel. Mit ihm ließen sich größere Gegenstände des täglichen Bedarfs wie Hausrat, Trümmerholz zum Heizen, geklaute Kohlen vom Güterwagen, Kartoffeln (wenn es welche gab), Kaninchenfutter, Pferdeäpfel für das Erdbeerbeet, die kleinen Kinder und notfalls auch die hinfällige Großmutter durch die Stadt und aufs Land zum Hamstern ziehen. Es gab Flüchtlinge, die im kalten Winter 1945 den weiten Weg von Ostpreußen bis nach Hamburg mit dem

Blockwagen bewältigt hatten. Der Blockwagen war größer und stabiler als das „Spielzeug", das heute im Baumarkt unter dem Namen *Bollerwagen* angeboten wird.
Ein Leser hat genaue Erinnerungen: „Der Blockwagen
war ein Miniaturackerwagen mit eisenbereiften Rädern,
Bretterseitenwänden und je einem herausnehmbaren
Holzschott vorn und hinten. Er wurde von unseren Eltern für Gartenurbarmachungen und Transporte, für die
eine Schubkarre nicht mehr reichte, benutzt. Als Jungen
war er für uns ein tolles Spielzeug. Die Schotten wurden
herausgenommen, einer setzte sich vorne hinein, nahm
die Deichsel zum Steuern zwischen die Beine, einer setzte sich rückwärts hinten hinein und gab mit den Beinen
Schwung, und dann sausten wir die Straße hinauf und
hinunter und konnten gar nicht genug davon bekommen." Vgl. → *bullern*

Bönhase Ein *Bönhase* (ndd. *Böönhaas*) ist kein Hase,
sondern bedeutet nach unserem heutigen Sprachgebrauch so viel wie „Schwarzarbeiter" oder, genauer gesagt: ein Handwerker, der heimlich ohne Genehmigung
arbeitet. Da er und seine Leidensgefährten ihre Tätigkeit
angeblich versteckt auf dem Dachboden, dem *Böön,* in
der Nachbarschaft von *Dachhasen,* den Katzen, ausübten, wurden sie im Volksmund Bönhasen genannt. Ihnen
fehlte im streng geregelten Zunftwesen früherer Jahrhunderte die Genehmigung der für ihr Gewerbe zuständigen
Ämter (heute würden wir Handwerkskammern sagen).
Als Bönhasen galten auch freischaffende Handwerker

aus dem Hamburger Umland, die ihre Waren in die Stadt schmuggelten oder dort ihre Dienste anboten. Die offiziellen Handwerksmeister, die sogenannten *Amtsmeister,* die um ihre Kundschaft und ihr Einkommen fürchteten, verfolgten diese nicht zünftige Konkurrenz unerbittlich. Wurde ein Bönhase entdeckt, durfte er öffentlich und von jedermann wie Freiwild über die Stadtmauer gejagt werden, was häufig nicht ohne Folgen für Leib und Leben der Verfolgten abging. Solche *Bönhasenjagden* waren lange Zeit an der Tagesordnung. *Böönhaas* steht auch scherzh. für den Schornsteinfeger, weil der ja auch oben auf dem Dach herumturnen muss.

Bontje (*Bontsche*; a.: *Boltje*) gleich Bonbon. Die *Bontjes* waren in *Bontjehaven*, in großen Glasgefäßen, beim → *Krämer* auf der → *Tonbank* untergebracht. Wenn wir uns für einen Sechser, an guten Tagen sogar für einen Groschen, Bontjes kaufen durften, drehte der Krämer eine kleine, spitze Tüte und griff mit seinen meist nicht ganz sauberen Fingern in den Glashafen – nach heutigen Maßstäben nicht unbedingt hygienisch, aber damals kannten wir es nicht anders. Vgl. → *Kientje,* → *Snoopkram*

böten h.: im Herd od. Ofen heizen, Feuerung nachlegen; *Füür böten* (Feuer anzünden); *Oostermaand böten* (Osterfeuer abbrennen); → *inböten* (einheizen); übertr. *nix to bieten und nix to böten* (nichts zu beißen und nichts zu brennen – bitterarm sein).

Bott Das *Bott* ist eigentlich 1. ein Stück Tau od. alles Tau- und Kettenwerk an Bord; *Bott geben* (mehr Leine lassen); *Bott hebben* (Spielraum haben). 2. Bekannt ist *Bott* vor allem als lange Schnur beim Drachensteigen- lassen; *Bott afwickeln* (Drachenleine geben); *dat Bott is all* (die gesamte Schnur ist abgewickelt). Wenn der Dra- chen hoch am Himmel stand, schickten die Kinder gern einen Drachenbrief, *Bottschechter*[37] genannt, mit dem Wind die Schnur entlang nach oben. Dazu riss man ein kleines Stück Papier bis zur Mitte ein, setzte es auf die Leine und schob es an, bis es hinaufgeblasen wurde. Man konnte auch eine Botschaft auf den Drachenbrief schreiben, etwa: „Lieber Gott, sorge dafür, dass mir mein Lehrer keine Fünf in Mathe gibt!"

Botter ist die Butter, auch *beste Botter* od. *gute Butter* zur Unterscheidung von Margarine genannt. Butter auf dem Tisch war seinerzeit für weite Kreise eine Ausnahme. Umso mehr tauchte der Begriff in Redensarten auf: *enen de Botter op 't Broot nich günnen* (missgünstig sein); *sik nich de Botter vun 't Broot nehmen laten* (sich nicht übervorteilen lassen); *fix in de Botter hauen* (sich heftig zur Wehr setzen); *as Botter in de Sünn stahn* (ratlos sein). Abergl.: Wer die Butter mit dem Messer anschnitt, musste angeblich sieben Jahre lang auf einen Mann warten. Sprichw.: *bi uns herrscht Ordnung, sä de Fro, dor liggt de Kamm in de Botter.* Erw.: → *Botter- bloom*, → *Botterböter*, *Botterbroot* (eine belegte Brot-

---

37 schechten = hier: schnell laufen, sich fortschieben

scheibe), → *Botterbuur*, *Botterfatt* (Fass zur Butterzubereitung), → *Botterfranzbroot*, → *Botterlicker*, → *Bottermelk*, → *bottern*.

Botterbloom Butterblume (Löwenzahn), heute der Schrecken aller Kleingärtner und Einzelhausbesitzer, weil die feinen Samenstände vom Wind in die Nachbarschaft geweht werden und dort tief im Rasen wurzeln. Bei Kindern, die sie abpflückten und selbst kräftig pusteten, hieß die Blume nur „Pusteblume". Wenn alte Leute das heimlich taten, sollte die Zahl der übrig bleibenden Samen die Zahl der verbleibenden Lebensjahre ergeben. Wenn eine → *Deern* gegen die Samen blies und keiner blieb zurück, so war ihr Schatz ihr treu.

Pusteblume – abgeblühter Löwenzahn, dessen zarte Samen leicht und weit vom Winde verweht werden.

Botterböter So wird im Umland häufig der Schmetterling genannt (hamb. → *Botterlicker*). War der erste Schmetterling im Jahr bunt, so gab es eine Hochzeit, war er gelb, so wies das auf eine Kindstaufe hin, war er jedoch weiß od. schwarz, musste man demnächst einen Toten beklagen.

Botterbuur wurde ein Landbewohner genannt, der bei den Bauern in den Dörfern Butter aufkaufte und sie in Hamburg anbot. Schickte er seine Frau in die Stadt, war das die *Botterfro* (Butterhändlerin).

Botterfranzbroot (Butterfranzbrot) – kleines, fettreiches Hefegebäck.

Botterlicker Ein *Botterlicker* heißt auf Hochdeutsch wörtlich „Butterlecker" und steht 1. für ein Kind, das gern Butter nascht, 2. für Gemüse, das mit viel Butter zubereitet werden muss, 3. für einen Schmetterling (Tagfalter), aber übertr. vor allem für 4. eine große Haar- od. Busenschleife, mit der kleine Mädchen an Sonn- und Feiertagen ausstaffiert worden sind. Auch die Krawattenschleife, die sogenannte *Fliege*, wurde mit diesem Scherznamen belegt. Gymnasiasten und Jungen aus feinen Familien hatten in den Augen der breiten Bevölkerung viel oder zu viel Butter zu lecken und wurden als *Botterlicker* verspottet. Neckvers: *Botterlicker heet ik, wat ik kann, dat weet ik*. Erw.: *Botterlickerkescher* (Schmetterlingsnetz).

Bottermelk Buttermilch wurde weit verbreitet als *Botter-melksupp* gegessen, zum Teil mit Speck, Birnenscheiben od. Backobst, auf jeden Fall aber mit → *Klüten* (Klößen), was nicht gerade zur Begeisterung beitrug; *vör Arbeit, Dood un Bottermelksupp bün ik jümmers bang vör west.* Wenn ein Mann seine Frau auf der falschen, der linken Seite von sich gehen ließ oder wenn die Braut bei der Trauung gar links vom Bräutigam kniete, befand sie sich an der *Bottermelksiet* („Buttermilchseite"), was ihr ein Leben lang nachgesagt wurde.

bottern (buttern) heißt 1. Butter machen, und diese Tätigkeit war zu Hause oder auf dem Bauernhof ohne die professionellen Einrichtungen einer Meierei von Pannen und Missgeschicken bedroht und somit von mancherlei Aberglaube umgeben. Das Butterfass durfte nicht ausgeliehen werden und nachts nicht draußen bleiben, damit es nicht verhext werden konnte. In einigen Dörfern legte man vorsichtshalber ein Hufeisen oder eine kreuzförmig geöffnete Schere unter das Fass. Trotzdem, der Erfolg war nicht garantiert; *dat bottert nich, un wenn 'n dor in schitt* (es ist misslungen). 2. übertr.: wenn eine Uhr ungenau geht, vor allem nachgeht, denn buttert sie; *de Klock bottert* (geht falsch).

Bottschechter (Drachenbrief) → *Bott*

Braden Braten, Sonntags- od. Festtagsgericht, z. B. bei Hochzeiten gereicht. Übertr.: *den Braden rüken* (etwas Böses ahnen). Abergl.: Ein Mädchen, das den Braten anschneidet, bleibt ledig. Vgl. → *Bradenfreter*

Bradenfreter Die etwas respektlose Übersetzung „Bratenfresser" bezeichnet einen wohlhabenden und meist auch wohlgenährten Mann, der reichlich isst, sich viel und den Armen angeblich eher nichts gönnt. Läuteten wochentags die Glocken von St. Petri, St. Nikolai od. St. Katharinen, hieß es: *dor is wedder 'n Bradenfreter storben* (ein Reicher wird zu Grabe getragen). Nach der Eröffnung der Eisenbahnlinie Hamburg–Lübeck 1865 wurde extra für die Familienausflüge gut situierter Hamburger zwischen Bargteheide und Oldesloe die Haltestelle Kupfermühle eingerichtet. Sonntags saß die Dorfjugend am Bahnsteig, begrüßte die Besucher aus der Stadt mit dem Ruf: *De Bradenfreters kaamt!* und begleitete sie zum Restaurant „Rohlfshagener Kupfermühle". Erw.: *Bradenfreterrock* (Gehrock); *Bradenfreterveddel* („Bratenfresserviertel") – gemeint ist das vornehme Uhlenhorst im Ggs. zum benachbarten *Armbeck* (Barmbek).

Bratten [spr.: bro:tn]. Der heiße Dampf, der aus einem kochenden Topf od. Flötenkessel strömte, wurde in Hamburg *Bratten* genannt.

Brause Die Kinder sagten nicht „Limonade" – es hieß *Brause*, genauer: gelbe od. weiße Brause, also Orangenod. Zitronenlimonade.

bregenklöterich Wer *bregenklöterich* ist, ist schwachsinnig, verwirrt, verrückt, trübsinnig od. benommen. *Opa is al bannig bregenklöterich,* soll andeuten, dass der alte Mann nicht mehr alles auf die Reihe bringt und ein bisschen *tüterich* ist. Der *Bregen* ist das Gehirn od. der Schädel (vgl. engl. *brain*), → *klötern* heißt klappern, rasseln, sodass im Plattdeutschen wieder einmal ein überaus anschaulicher Ausdruck zusammengesetzt worden ist für den Zustand, bei dem „das Gehirn im Schädel klappert".

Bremen Die Bewohner der konkurrierenden, aus Sicht eines geborenen Hamburgers aber keineswegs gleichrangigen Hansestadt Bremen werden oft in Redensarten verspottet. Noch heute ist die Wendung: „Ich bin doch kein Bremer!" bekannt, was bedeutet: Ich lass mir von dir doch die Arbeit nicht aus der Hand nehmen! Auf Hamburgisch hörte sich das so an: *ik bün doch keen Bremer, ik laat mi keen Arbeit ut de Hand nehmen* (ich mache meine Arbeit selbst). Wenig nett auch: *so 'n Bremer maakt ut 'n Scheet en Dunnerslach* (milde übersetzt: Ein Bremer macht aus jedem Haufen einen Weltuntergang). Wenn etwas misslungen war, hieß es bei Seeleuten: *dreemal is Bremer Recht* (man darf es drei Mal versuchen – beim ersten Mal schafft es ein Bremer ohnehin nicht). Sobald von etwas Schiefem od. Krummem die Rede war, höhnten die Hamburger: *dat is scheef as de Weg na Bremen*. Zu Kindern sagte man: *schall ik di mal Bremen wiesen* (soll ich dir mal Bremen zeigen?) und hob sie dann am Kopf hoch.

Briet Das Schimpfwort *Briet* hat, was im englandfreundlichen Hamburg auch verwundern würde, nichts mit den Briten zu tun, sondern kommt als → *Verballhornung* aus der → *Franzosenzeit* Anfang des 19. Jahrhunderts vom frz. *brute* [spr.: bryt] (brutaler Kerl, Rüpel).

Brook Bruch, versumpftes, feuchtes Gelände (*Duvenstedter Brook*).

Buddel Der od. die *Buddel* (von frz. *bouteille*) ist die Flasche, und dieser Ausdruck begleitet die Hamburger ein Leben lang, womit nicht gesagt werden soll, dass jeder vom Säugling bis zum Greis pausenlos eine Flasche am Hals hat. Ein „Buddel Bier" od. „aus der Buddel trinken" sind in die aktuelle Umgangssprache übergegangen. Raa.: *de Buddel op 'n Kopp hollen* (ganz austrinken); *as de Buddels noch keen Hals harrn* (ganz früher); *nix im Buddel* (nichts zu trinken); *he hett to deep in 'n Buddel keken* (er ist betrunken). Erw.: *Buddelbreef* (Flaschenpost), *Buddelbloom* (Teichrose), *Buddelböst* (Flaschenbürste), *Buddelschapp* (Flaschenschrank), *Buddelwicks* (Schuhwichse in Flaschen). Vgl. → *Buddelkamp*, → *Buddelkind*

Buddelkamp Scherzn. für den Gleisanschluss, der zur Holsten-Brauerei führte. Vgl. → *Buddel*

Buddelkind Ein Säugling, der nicht an der Mutterbrust, sondern mit der → *Buddel*, der Milchflasche, aufgezogen worden ist; *'n Kind mit 'n Buddel groot maken* (mit der Milchflasche großziehen).

Buddelschipp Flaschenschiff. Seeleute und Bastler montieren Schiffsmodelle in die Flasche (→ *Buddel*), deren Masten höher sind als die Flaschenöffnung, was zum Staunen Anlass gibt. Daher die Ra.: *wenn dat Wenn nich weer, kunnst Hamborg in 'n Buddel köpen.*

Diese historischen Buddels der Brauerei Gertig, der Elbschloss-Brauerei, der Bahrenfelder Brauerei und der Löwen-Brauerei waren noch mundgeblasen und hatten einen Champagner-Verschluss (aus: Hamburg und sein Bier).

Büdel Ein *Büdel* ist natürlich ein Beutel od. ein kleiner Sack mit einer Reihe von Nebenbedeutungen wie Schinkenbeutel (gegen die Fliegen), Fischbeutel (am Grundnetz), Siebbeutel (in der Mühle), Sack des Weihnachtsmanns, Marmelbeutel od. Hodensack. Ra.: *pedd di man nich op 'n Büdel* (mach dich nicht wichtig). Vor allem weist der Begriff jedoch auf den Geldbeutel hin: *Kniepen im Büdel* (kein Geld haben); *Dumen op 'n Büdel hollen* (geizig sein); *sien egen Büdel bi de Ohren kriegen* (selbst bezahlen müssen); *nix in 'n Büdel bringen* (nichts einbringen). *-büdel* bildet das Grundwort für weit mehr als hundert Zusammensetzungen wie *Klammerbüdel*, *Klingelbüdel*, → *Putzbüdel* und allein im Hamburgischen Wörterbuch für 56 Schimpfwörter[38], darunter so bekannte wie → *Dröhnbüdel*, → *Gnadderbüdel*, *Knickerbüdel*, → *Quarkbüdel*, *Quasselbüdel*, → *Sabbelbüdel*, → *Schietbüdel*, *Tüderbüdel*, *Tüünbüdel* od. *Windbüdel*.

Bull (Plur. *Bullen*) Bulle, Stier. Einerseits ist er gefährlich und hat manchen Bauer oder Knecht schon Gesundheit und Leben gekostet, andererseits war er unverzichtbar für die Nachzucht, eben weil es sich um einen Stier und nicht um einen Ochsen handelte. Ein bezeichnendes Sprichw.: *'n goden Bullen un 'n goden Schoolmeester is veel weert för 'n Dörp.* Man beachte die Reihenfolge: erst der Bulle, dann der Lehrer – aber immerhin der erste Ansatz dörflicher Bildungspolitik…

---

38 HWB 1/Sp. 526

Bullenpesel 1. Bullenrute od. Bullenpenis. 2. Daraus hergestelltes Prügelinstrument aus geflochtenen Riemen (Hundepeitsche, Karbatsche [39]), mit denen nicht nur Hunde, sondern auch Schüler geprügelt wurden, was heutzutage glücklicherweise nicht mehr geduldet wird. 3. übertr. Botan. Blütenrispe verschiedener Pflanzen, vor allem des Schilfrohrs, dessen braune Kolben von Kindern meist als → *Pompesel*, von Erwachsenen häufig auch als *Lampenputzer* bezeichnet wurden, weil sich damit der Glaskolben der Öl- od. Petroleumlampe mehr schlecht als recht reinigen ließ.

Bullenstall Passage, enger Durchgang durch ein Haus als Verbindung zweier Straßen. Die nicht ganz stubenreine Erklärung für den Namen rührt daher, dass die Männer dort nicht an sich hielten und heimlich ihr Geschäft im Stehen verrichteten.

bullerich ist jemand, der polterig, grob od. aufbrausend daherkommt. Ein solcher Mensch muss sich *Bullerballer* (Grobian), *Bullerjaan*, *Bullerjoochen* od. *Bullerjohann* nennen lassen. Vgl. → *bullern*

bullern bedeutet poltern, laut pochen, lärmen od. zornig schimpfen. Ein *Bullerwagen* ist demnach ein „Polterwagen", was sich sowohl auf einen Ackerwagen mit eingesetzten Schotten als auch auf einen Handwagen beziehen kann.

Bulljongkeller wurde scherzh. ein kleines Restaurant oder eine Kneipe im Souterrain genannt, bei der man kein

---

39 Riemenpeitsche

„richtiges" Essen bekommen konnte, sondern höchstens eine heiße Bouillon mit oder ohne Ei.

Bumann ist 1. ein Gespenst, mit dem man Kinder erschreckt od. einschüchtert, zudem 2. ein Mensch, dem man nicht trauen kann (Schlingel, Tunichtgut, Bösewicht), aber vor allem 3. ein Nasenpopel.

Burstah Der *Große Burstah* (mit dem Abzweig *Kleiner Burstah*) in der Altstadt gehört zu den ältesten Straßen, die Hamburg zu bieten hat (1332: *Bei dem Burstah*). Nach einer Überlieferung geht der Name auf eine deftige Prügelei zwischen Brauereiknechten und Bauern zurück. Die Bauern ergriffen die Flucht, und die Brauer riefen: *„Buur stah"* – „Bauer, bleib stehen!" Es gibt aber stets Historiker, die solch schöne Legenden aus dem Heimatkundeunterricht gnadenlos zerpflücken. Demnach bedeutet *Bur* nicht Bauer, sondern *Bürger* und *Stah* so viel wie *„Gestade, Ufer"*, das Ganze also *Bürgerufer* am → *Fleet*.

Buscherump Der „Finkenwerder Fischerhemd" genannte Arbeitskittel aus Leinen od. Baumwolle reicht bis zur Hüfte, ist blau-weiß (selten: rot) gestreift und wird von Fischern, Seeleuten und Hafenarbeitern über der übrigen Kleidung getragen. Auch Handwerker (Maurer) und Buchdrucker (aber nicht bei Axel Springer) trugen *Buscherumps*. Entertainer wie → *Walter Rothenburg* statteten zudem Volkssänger (→ *Charly Wittong*) und Shantychöre mit diesem Kleidungsstück aus; von niederl. *boezeroentje*.

Butenhamborger waren Hamburger, die nicht in Hamburg lebten, sondern *buten*[40], außerhalb der Stadt – und das größtenteils höchst unfreiwillig „aus kriegsbedingten Gründen". Nach den Luftangriffen 1943 verließ rund eine Million Menschen, mehr als die Hälfte der Bevölkerung, die zerstörte Stadt und flüchtete nach Schleswig-Holstein, Hannover, Mecklenburg, Brandenburg, Anhalt, Danzig, Westpreußen und Bayreuth. Viele konnten nicht und ganz wenige wollten nicht gleich zurückkommen. Wohnungsmangel, noch verschärft durch die Aufnahme von 250 000 Vertriebenen und Flüchtlingen, verzögerte manche Rückkehr um mehrere Jahre. Im Zuge der Kinderlandverschickung wurden zudem 150 000 Jungen und Mädchen in angeblich sichere Gebiete des Reiches und nach Dänemark und Ungarn verfrachtet, sodass manch Hamburger Jung und manche Deern gar nicht in hamburgischer Umgebung und Sprache aufgewachsen ist.

Butt (Plur. *Bütt*) 1. Flunder, Plattfisch. 2. stumpfes Stück, Ende, Baumstumpf; Adv. *butt* (stumpf, grob, plump, dumpf); *beter butt as opsternaatsch*. 4. Knirps; *'n lütten Butt*. 5. Handpflug, von zwei Männern gezogen. 6. Hagebutte (Frucht der Heckenrose).

Bütt breiter, niedriger Holzkübel, meist mit Handgriff, kleiner als eine → *Balje*.

---

40 draußen

Buttdarm Blinddarm. Vgl. → *Butt* (2)

Buttje 1. Ein *Buttje* (*Buttjer*, *Buttscher*) ist nur als Kose-name ein Synonym für einen kleinen Jungen od. Knirps, also für etwas Kleines und Niedliches. In diesem Zusam-menhang müssen sich auch Scharen von Wellensittichen diese Bezeichnung gefallen lassen. 2. Häufig nennt man jedoch einen Lümmel so, wobei sich folgende (hier stark gekürzte) Reihe noch fortsetzen ließe: frecher Kerl, Flegel, Rüpel, Grobian, Strolch, Herumtreiber, Faulenzer, Tagedieb, Landstreicher, Trunkenbold od. Bettler. Spott-vers: *Hamborger Buttscher, Fingerlutscher!*

Buttpedder Ein Elb- od. Wattfischer wurde im Gegensatz zum Hochseefischer spöttisch *Buttpedder* genannt. *Butt pedden*: auf die bei Ebbe liegen gebliebenen Plattfische treten und sie dann einsammeln. Vgl. → *Butt* (1)

Büx (*Bücks*) ist die Hose, das Beinkleid seinerzeit vor-wiegend für Männer; wohl verschl. von *Buck-Hose*, der bocksledernen Hose. Die erste Büx für kleine Jungen hatte hinten eine Klappe, die aufgeknöpft wurde, wenn sie „groß" mussten. Ra.: *dat kannst du enen vertellen, de de Büx noch achtern toknööpt*. Lange Büxen trugen die Knaben zum ersten Mal bei der Konfirmation. Zur *Pingsttour* gehörte *de witte Maibüx* (→ *Hein Köllisch*). Den *Melkmann sien Büx* war natürlich weiß und be-deutete übertr. die Haut od. den Rahm auf der Milch (→ *Melkhöker*). Raa.: *en Jack un Büx* (Hosenmatz); *dat is allens een Jack un Büx* (das ist allerlei); *de Büx* *vull hauen* (versohlen): *enen bi de Büx kriegen* (jmdn. erwischen); *de Büxen anhebben* (die Frau hat zu sagen); *ut de Büx gahn* (Notdurft verrichten); *dat Leven is bloots Büx an un Büx ut* (immer dasselbe). Wie *-büdel* bildet auch *-büx* das Grundwort für zahlreiche Komposita[41], z. B. für → *Bangbüx*.

C

Caffamacher Da der Eingang zur Redaktion des Hamburger Abendblatts die Adresse Caffamacherreihe 1 hat, müssen wir häufiger diesen Begriff erklären. Neue Kolleginnen und Kollegen denken an „Kaffeemacher" und tippen zuerst in Richtung „Kaffeerösterei", aber das ist weit gefehlt. Der Name hat nichts mit Kaffee, sondern mit dem niederl. *Caffa* zu tun, einer schweren Samtstoffart, die von den Webern angefertigt wurde, die sich dort um 1630 angesiedelt hatten. Das waren die *Kaffamaker* in der *Kaffamacher-Reege*[42]. Caffa geht wahrscheinlich auf *Kaffhaar* zurück, in dem das niederdeutsche Wort → *Kaff* für Spreu, für die Hülsen des Getreides, steckt. Die Samtstoffe aus Seide wurden zunächst in Schlingen gewebt und dann abgeschoren. Die abgeschorenen Fäden bezeichnete man, weil sie wie Haarspreu aussahen, als Kaffhaar. Ein Teil der Caffamacherreihe, Fortsetzung der Fuhlentwiete, hieß bis 1900 *Kleine Drehbahn*.

---

41 Zusammensetzungen
42 Richey: Idioticon S. 106

Claudius, Hermann → Biografie S. 76

Couplet Ein *Couplet* ist so etwas wie ein „Liedchen mit ge-
reimten Strophen", ein Spottlied, das in Oper, Operetten
oder Possen als Gesangseinlage eingefügt oder auf der
Kleinkunstbühne als Kabarettstück zur eigenständigen
Form wurde. Der Ausdruck ist entlehnt aus dem frz. *couplet* (Reimpaare), einer Verkleinerungsform zu frz. *couple*
(Paar), das auf das lat. *copula* (Vereinigung) zurückgeht.
Im alten Hamburg bekam das Couplet durch die Auftritte
der volkstümlichen Sänger wie → *Hein Köllisch, Gebrüder
Wolf* und → *Charly Wittong* eine Verbreitung wie in kaum
einer anderen Stadt. Sie belegten gängige Schlagermelo-
dien mit witzigen Texten, und das unter dem Jubel ihrer
Zuhörer meist auf Plattdeutsch od. in Missingsch. Noch
heute gibt es keine Pfingstausgabe des Hamburger Abendblatts ohne eine Kostprobe aus dem Couplet „De Pingsttour" (Köllisch: *To Pingst'n, ach wie scheun, wenn de Natur so greun*...), und jeder kennt die Verse *An de Eck von
de Steenstroot steiht 'n Olsch mit Stint, will mi vertellen,
dat dat Schellfisch sünd* (Wittong) od. *An de Eck steiht 'n
Jung mit 'n Tüdelband, in de anner Hand 'n Bodderbroot
mit Kees* (Wolf / Walter Rothenburg). Die Volkssänger verkauften ihre Couplets auch auf den Straßen und Märkten
als „Fliegende Blätter" („Köllisch-Couplets: 10 verschiede-
ne für 5 Mark franko"), was zur massenhaften Verbreitung
beitrug.

Links: Hamburger Neustadt:
Valentinskamp/Ecke Caffamacherreihe im Jahre 1951

BIOGRAFIE

Hermann Claudius

DE LÜNKEN VUN DE JACOBIKARK

Hermann Claudius, Urenkel des *Wandsbecker Bothen* Matthias Claudius (1740–1815), wurde am 24. (19.) Oktober 1878 in Langenfelde bei Altona geboren (heute Stellingen) und starb hochbetagt am 8. September 1980 in Grönwohld (Kreis Stormarn). Bis 1934 Volksschullehrer in Hamburg, trat Claudius mit plattdeutscher Großstadtlyrik hervor. Er galt als volksnaher Dichter von ergreifender Einfachheit, Innerlichkeit und tiefer Weltfrömmigkeit *(To Bargstedt bi de ole Kark)*.

Im Ersten Weltkrieg vaterländisch gesinnt, später nicht immer gegen Führer-Jubel gefeit, wird er wegen sozialer Verse dennoch als Arbeiterdichter bezeichnet. Der Altonaer Arbeiterjugendchor sang 1916 zum ersten Mal seine „Hymne der Arbeiterbewegung": „Wann wir schreiten Seit an Seit [...] Mit uns zieht die neue Zeit!", die dann auch beim Wandervogel[43] und in den Jugendherbergen angestimmt wurde.

Als die Medien 2009 von einem dramatischen Rückgang der Hamburger Spatzenpopulation berichteten, erinnerten mehrere Hamburger-Abendblatt-Leser an die „Hamborger Lünken"[44] „von Claudius" – aber nicht von Matthias Claudius, sondern vom Urenkel: *De Lünken vun de Jacobikark, de larmt ehr Fröhjohrsleed, de Lünken vun de Jacobikark, de markt dat fröher as de Lark*[45]*, de weet dormit Bescheed. Schiet, schiet, schiete-riet-schiet-schiet, ut is de Winterstiet.*

---

43 Jugendbewegung vor und nach dem Ersten Weltkrieg
44 Hamburger Spatzen
45 Lerche

D

da nich für (*dor nich för*) sagt der Hamburger, wenn ihm
gedankt wird und er abwehrend zum Ausdruck bringen
will: „Keine Ursache! Gern geschehen!"

dat Bei *dat* muss man genau hinhören, ob es sich um
1. den Artikel „das" *(dat Göör)* od. das Demonstrativ-
pronomen „dies", 2. das Personalpronomen „es" *(dat
blarrt)* bzw. 3. die Konjunktion „dass" handelt. Ein
Beispiel: → *Klein Erna* sieht, wie ein Kind im → *Baggermatsch* spielt. „*Dörv dat dat?*", fragt sie. „*Dat dörv
dat*", sagt Mutter Pumeier. Darauf Klein Erna: „*Dat dat
dat dörv!*" Das Ganze noch einmal auf Barmbeker Hochdeutsch: „Darf das das?" „Das darf das." „Dass das das
darf!"

Deern (Plur. *Deerns*) ist einer der häufigsten Ausdrücke in
Hamburg. Er kommt von „Dirne". Urspr. war er die Be-
zeichnung für ein unverheiratetes Mädchen von niederem
Stand im Ggs. zur → *Jungfer* aus gehobenen Kreisen.
Heute verstehen wir darunter 1. ein junges od. kleines
Mädchen; *lütt Deern;* 2. die Tochter; *Jungs un Deerns*
(Söhne und Töchter); *sien groot Deern* (erwachsene
Tochter); 3. die Liebste; *mien sööt Deern;* 4. ein Dienst-
mädchen od. eine Bauernmagd.

Demijoon (*Demijong*) ist eine Ballon-Korbflasche, meist
mit Weidengeflecht überzogen, die 5 bis 25 Liter fasst
und zum Versand von Flüssigkeiten (Rum, Wein, Genever,
Spiritus) dient.

Döntje (Plur. *Döntjes*). Ein *Döntje* ist eine kleine Geschichte od. Anekdote in kunstloser Form, aber mit großem Heimatbezug. Viele der Döntjes werden immer wieder erzählt od. gesammelt wie die von → *Klein Erna*.

Döösbartel bezeichnet einen dummen, verträumten od. ungeschickten Menschen.

Dööts (Plur. *Döötsen*) ist einer der vielen Ausdrücke für den Kopf.

dösen ein Schläfchen machen, im Halbschlaf sein, träumen. Adj. *dösich* (dösig, einfältig, gedankenverloren); *dumm un dösich; so dösich as lang*. Sprichw.: *duun sien vergeiht, aver dösich sien blifft*.

dötsch geistig schwerfällig, einfältig, ungeschickt; *sik dötsch hebben* (sich ungeschickt anstellen); *'n dötschen Naam* (ein sonderbarer Name).

Dröhnbüdel (Faselhans) → *dröhnen*

dröhnen bedeutet langatmig reden, auch faseln od. Unsinn von sich geben. Dementsprechend ist ein *Dröhnbüdel* ein langweiliger, schwerfälliger Mensch od. ein sogen. Faselhans.

Dröögaptheker Ein „Trockenapotheker" ist ein Drogist. Flüssige Arzneien gab es früher nicht in der Drogerie, sondern nur in der Apotheke, selbst das Benzin musste sich der gute alte Carl Friedrich Benz 1886 bei seiner ersten Autofahrt bekanntlich beim Apotheker kaufen. Drogerien, also

Geschäfte für nicht apothekenpflichtige Heilmittel und Kräuter, Kosmetika und Artikel für die Haus- und Gartenpflege, fand man noch in den Fünfzigerjahren fast in jeder Straße, bis diese Einzelhandelsdrogerien, in denen der Inhaber noch selbst die grüne Seife umfüllte und die Mottenkugeln abzählte, von den großen Drogerie-Ketten und den Abteilungen in den Supermärkten zurückgedrängt wurden.

dröppeln (regnen) → *pladdern*

Drümpel Ein *Drümpel* ist ein Tölpel, ein ungeschickter, tollpatschiger Mensch, ja, sogar ein Dummkopf, auch *Drümpelbüdel, Drümpeljoochen* od. *Jan Drümpel* (Schimpfw.) geheißen. *drümpelich* (tölpelhaft); *drümpeln* (schwerfällig gehen).

durabel Das meist adv. gebrauchte *durabel* für dauerhaft, haltbar od. solide ist aus der humanistischen Wissenschaftssprache in die hamb. Umgangssprache gelangt und geht letztlich auf das lat. *durus* (hart) zurück. Auch das Tongeschlecht Dur ist im Vergleich zum weicheren Moll ja die härtere Variante.

Dutt 1. Ein *Dutt* bezeichnet einen Haufen, und zwar im wörtlichen wie im übertragenen Sinne; *in 'n Dutt gahn* (entzweigehen); *in 'n Dutt hauen* (kurz und klein schlagen); *op 'n Dutt kleien* (zusammenkratzen); *op 'n Dutt smieten* (zusammenwerfen); *wat op 'n Dutt hebben* (Geld gespart haben); *sien fief Swien op 'n Dutt hebben* (seine fünf Sinne beisammen haben). 2. *'n lütt Dutt* od.

'n fixen Dutt kann auch der Kosename für einen kleinen Jungen sein. 3. Und dann ist der *Dutt* die Bezeichnung für einen Haarknoten, wie ihn zum Beispiel Lehrerinnen zu einer Zeit streng im Nacken trugen, als es noch kaum Lehrerinnen gab.

duun (duhn) ist jemand, der angetrunken ist, sich einen *angetütert* hat, unsicher auf den Beinen ist oder gar *Schlagseite* aufweist. Wer stockbetrunken ist, wird als *stickenduun* bezeichnet. *duun* bedeutet dicht, eng, nahebei (Adv.) oder eben betrunken, ursprünglich jedoch geschwollen od. straff (Adj.), was in dem Ausdruck s*ik dick un duun eten* (frei übersetzt: essen, bis man platzt) erhalten geblieben ist. *duunsupen* heißt trunksüchtig od. besoffen, während wir unter *Duuntje* sowohl einen leichten Alkoholrausch verstehen als auch einen Zeitgenossen, der ihn hat.

Duvenklapper Taubenzüchter, die ihr Steckenpferd häufig auf Dachböden ausübten, hießen *Duvenklapper*. Dort hatten sie ihre Verschläge gebaut. Die Tauben starteten durch die Dachluken und wurden mit Tüchern an langen Stangen wieder in ihren Verschlag gewinkt. Alte Hamburger erinnern sich, dass diese Beschäftigung in den Zeiten der großen Arbeitslosigkeit vor 1933 sehr verbreitet war.

dwars bedeutet quer (*dwars un dweer* – kreuz und quer), querüber *(se lecht dwars vun Glückstadt),* zuwider, verkehrt (*dwars vör 'n Steben kummen* – in die Quere kommen). Als *Dwarsdriever* bezeichnet man einen Querkopf, Quertreiber od. einen Steuermann, der mit seinem Kahn anderen Schiffen in die Fahrrinne schippert. Vgl. → *Dwarslöper*

Dwarslöper Welches Krustentier läuft quer, also → *dwars*? Richtig, der Krebs! Ein *Dwarslöper* ist ein Taschenkrebs od. eine kleine Sandkrabbe. Übertr. kann Dwarslöper auch Besserwisser, Querkopf od. Grobian bedeuten.

He löppt dwars un dweer, de Dwarslöper – der Taschenkrebs. Im 19. Jahrhundert wurde er teilweise schubkarrenweise angeboten und weniger in feinen Kreisen denn von der Mittel- und Unterschicht verspeist.

E

Ebeer (a.: *Adeboor, Stork*) Storch, Adebar. Der *Ebeer* bringt nicht nur die kleinen Kinder *(de Ebeer hett em bröcht)*, der Storch ist bis zum heutigen Tage mit vielerlei Aberglaube und Brauchtum verbunden. Er gilt als Glücksbringer, wer aber den Nestbau stört, zieht Unglück an. Wo ein Storch nistet, schlägt der Blitz nicht ein, verweigert der Storch jedoch das Nest des Vorjahres, ist das Haus feuergefährdet. Beißen sich zwei Störche auf dem Dach, herrscht Unfriede unter den Menschen im Haus. Kommen die Störche früh, wird das Jahr unfruchtbar, ziehen sie früh wieder fort, droht ein strenger Winter. Klappert der Storch auf dem Schornstein, kündigt er Nachwuchs für die Menschen an. Stiehlt er einem Mädchen ein Wäschestück, bekommt es ein uneheliches Kind. In Richtung Biologieunterricht weist folgende Feststellung: *wo Ebeers sünd, dor sünd ook Poggen* (Frösche). Erw.: → *Ebeersbeen* („Storchbein"), *Ebeersbloom* (Storchblume, gelbe Schwertlilie), *Ebeerssnavel* (Botan.: Storchschnabel).

Ebeersbeen Spottn. für jemanden mit auffallend dünnen Beinen, mit „Storchbeinen"; angewendet auf die Leute aus Kirchwerder, zu deren Tracht rote Strümpfe gehörten, besonders auf die von dort in die Innenstadt kommenden Straßenverkäuferinnen, die → *Hamborgföhrer*. Vgl. → *Ebeer*

Eekkater (Eichhörnchen) → *Katteker*

Eemk[1] (a.: *Eemken*; Plur. *Eemkens*) f., die *Eemk* ist die Ameise, ein *Eemkendutt* ist ein Ameisenhaufen.

Eemk[2] (a.: *Eemken*; Plur. *Eemkens*) n., das *Eemk* ist das Heimchen, die Grille. Abergl.: *wenn dat Eemken so schreet, dat bedüüd 'n Doden* (der Ruf des Heimchens kündigt einen Sterbefall an); bei Michael Richey ist es 1755 gerade umgekehrt: *eine Art Ungeziefer, das sich üm die Aerndte-Zeit in den Caminen der Land-Häuser hören zu lassen, und von abergläubischen Leuten für ein Glücks-Zeichen gehalten zu werden pfleget.*[46]

einholen Wollten die Eltern und Großeltern Dinge des täglichen Bedarfs od. Zutaten für die Mahlzeiten besorgen, gingen sie in den kleinen Geschäften der Nachbarschaft *einholen*, wenn sie größere Besorgungen und Anschaffungen machen mussten, fuhren sie *einkaufen*, etwa in die Innenstadt.

eisch Wenn man zu einem Kind sagt: „Du bist eisch!", dann will man ausdrücken, dass es böse oder ungezogen ist. Das Wort kann jedoch auch eine positive Verstärkung einer Aussage sein, sodass man genau hinhören muss. „Du hast aber ein *eisches* Kleid an!", will sagen: „Du hast aber ein schickes Kleid an!"

Elbsegler Hierbei handelt es sich um kein Segelschiff auf der Elbe, sondern um eine dunkelblaue Schirmmütze, die an Bord, aber auch an Land von Leuten getragen

---

46 Richey: Idioticon S. 52

wird, die eine gewisse Affinität zum Salzwasser signalisieren wollen. Der *Elbsegler* ist aus Marinetuch gefertigt, hat einen drei Zentimeter hohen Rand mit Verzierungen und einen Lederriemen, der unters Kinn geklemmt werden kann, damit die Mütze bei Sturm nicht über Bord geweht wird. Wenn sie größer und mit einer Kordel an Stelle des Riemens versehen ist, spricht man von einem *Altstädter*. Niemand konnte ihn besser tragen als Hans Albers im Film „Große Freiheit Nr. 7", während Helmut Schmidt als Kanzler nicht mit einem Elbsegler, sondern mit einer *Helgoländer Lotsenmütze* auf dem Kopf unterwegs war.

Die Mütze für die Waterkant – der Elbsegler

Entenflott (a.: Entengrütze; ndd. *Aantenflott*) ist ein grüner Teppich aus Wasserlinsen, der sich im Spätsommer auf Teichen und stehenden Gewässern ausbreitet und den Kindern das Baden und Schwimmen verleidet.

Ernst, Otto → Biografie S. 89

etepetete 1. penibel, peinlich ordentlich. 2. vornehm tuend, geziert; *se snackt so etepetete*; wohl berlin. aus frz. *être, peut-être* (kann vielleicht sein).

Etmal (*Ettmaal*) bedeutet seem. 1. den Zeitraum von 24 Stunden, gerechnet von Mittag zu Mittag, bzw. 2. die in diesem Zeitraum von einem Schiff zurückgelegte Strecke.

Ewer Als kleine, flachbodige Frachtsegler mit einem, seit ungefähr 1820 auch zwei Masten, 12 bis 17 Meter lang, waren die *Ewer* bis ins vorige Jahrhundert das wichtigste regionale Transportmittel auf der Elbe. Sie brachten Gemüse aus den Vierlanden, Milch von den Elbinseln oder Obst aus dem Alten Land zu den Hamburger Märkten, beförderten im Fährverkehr Personen und dienten der Küstenfischerei, wobei der Fang in der mittschiffs liegenden *Bünne* lebend angelandet wurde. Von der Oberelbe aus verkehrten die längeren Stroh-Ewer (ca. 20 m). Größter Ewer-Hafen war Hamburgisch Finkenwerder (*HF* im Segel). Abgetakelte Ewer wurden als → *Schuten* genutzt, weshalb der Führer einer Schute mit seinem *Peekhaken* zum Staken bis heute Ewerführer genannt wird. Ein Hamburger-Abendblatt-Leser teilte noch eine andere Bezeichnung für einen Ewerführer mit: *KastenschutenschipperschaffööR*.

Rechts: Heute ein Freizeitgefährt, war der in mehreren Variationen gebaute Ewer bis in die Dreißigerjahre der „Lastesel" auf der Elbe und den Hamburger Wasserwegen. Der Name stammt vom niederl. envarer („Einfahrer", also urspr. mit Ein-Mann-Besatzung).

Otto Ernst

EIN LEBEN FÜR APPELSCHNUT

Appelschnut war der Kosename („Apfelmund", ndd. *Appel-snuut*), den der Dichter Otto Ernst seiner jüngsten Tochter Senta-Regina gab. Seine einfühlsamen und humoristischen Erzählungen über die Kindheit von „Appelschnut" (1907) wurden immer wieder aufgelegt. Otto Ernst (eigtl. Otto Ernst Schmidt, geb. 7. Oktober 1862 in Ottensen, gest. 5. März 1926 in Groß Flottbek) war erst Lehrer, dann freier Schriftsteller („Flachsmann als Erzieher", 1901) und gehörte zu den erfolgreichsten Bühnenautoren seiner Zeit.

Tochter Senta-Regina Möller-Ernst (geb. 19. März 1897, gest. 30. Oktober 1998) hat ihr Leben lang im Elternhaus in der 1928 nach dem Vater benannten Otto-Ernst-Straße (heute Othmarschen) gewohnt und als Appelschnut hingebungsvoll das väterliche Erbe gepflegt.

Otto Ernst schrieb auch die Ballade „Nis Randers", die eine dramatische Aktion aus der Frühzeit der Seenotrettung schildert. Nis Randers springt trotz des Flehens seiner Mutter, die nicht auch noch ihren letzten Sohn verlieren will, nachdem dessen Bruder Uwe seit Jahren verschollen ist, mit sechs anderen bei tosender See ins Boot, um einen Schiffbrüchigen vom Wrack auf der Sandbank zu holen. Der knapp Gerettete erweist sich als der verschollene Bruder. Nis' Ruf bei der Rückkehr, er schreit's durch die Hand: „Sagt Mutter, 's ist Uwe!" wurde zu einer Art Motto der Seenotrettung.

Die Deutsche Gesellschaft zur Rettung Schiffbrüchiger (DGzRS) taufte einen Seenotrettungskreuzer nach der Hauptfigur auf den Namen „Nis Randers".

F

Farv *Kumm mi nich an de Farv!,* schimpfte der Großvater, wenn ihm jemand zu nahe trat (an die Farbe – zu nahe). Der Urenkel würde heute auf dem Schulhof zu seinem Kumpel sagen: „Mach mich nicht an!"

Fatt (Plur. *Fatten*) 1. Schüssel, Teller; vgl. → *Fatuch*. 2. Fass, Tonne.

Fatuch [spr.: fa:tuch] Küchenwischtuch zum feuchten Reinigen von Tellern, Schüsseln, Töpfen, Küchenmöbeln usw.; aus *Vate-Dook* (*Vate* = *Fatt* = Schüssel). Obwohl einige Hamburger das Fatuch gern mit „fahren" in Verbindung bringen möchten, weil man damit angeblich so schön auf der Tischplatte „herumfahren" kann, müssen wir die Erklärung beim → *Fatt* suchen. Die ndd. Form lautet *Faatdook* (Plur. *Faatdöker*) mit ganz langem a. Als Synonym wird *Schötteldook* angegeben. Die Schreibweise *Fatuch* dürfte eine nicht ganz oder nur halb gelungene Übernahme ins Hochdeutsche sein. Während das Fatuch früher eines der wichtigsten Utensilien in jeder Küche war, ist es heute verschwunden. Jetzt benutzen wir Küchenrolle aus saugfähigem Papier, weitaus hygienischer und bequemer, aber auch ein wenig teurer.

Fau [spr.: fo:] Fehler (frz. *faute*, engl. *foul*). Machten die Kinder z. B. beim Ballspielen, Springtauspringen od. Hinkefuß einen Fehler, dann hieß es: „Du hast *Fau!*", und der Nächste war an der Reihe. Damit wurde ein Fehltritt

(Fauxpas) ausgerufen. Kinderspr.: du bist *fau* (du hast einen Fehler gemacht). Eine *Fautfracht* ist eine Schiffsfracht, die nicht zur Verladung kommt.

Fellvoll Ein *Fellvoll bekommen* bedeutet in Hamburg so viel wie eine Tracht Prügel beziehen, die nicht nur bei Kindern und Jungs unter sich, sondern durchaus auch einmal vom Vater od. Lehrer, als das noch nicht verpönt und verboten war, am widerspenstigen Nachwuchs vorgenommen wurde. Man sprach von *dat Fell* (die Haut) *versahlen, dat Fell vullkriegen.* Solche Abreibung konnte auch als → *Jackvoll* od. im Straßenjargon als *Arschvoll* bezeichnet werden; *dat Fell versupen* bedeutete übrigens, beim Leichenschmaus ordentlich hinzulangen, und jemandem *dat Fell över de Ohrn trecken* (ziehen) hieß, jemanden auszunehmen, auf üble Weise zu betrügen od. auszunutzen.

Feudel Ein *Feudel* ist der Scheuerlappen, mit dem der Boden *gefeudelt* (aufgewischt) wird (ndd. *Feueldoog*). Der Feudel wird über einen Schrubber gelegt, der in Hamburg → *Leuwagen* heißt (Scheuerbürste mit langem Stiel), nachdem er in das Wasser des *Feudeleimers* eingetaucht und mit großem Körpereinsatz ausgewrungen worden ist. Der Eimer wurde am → *Handstein* gefüllt und geleert (Ausguss mit hoch angebrachtem Wasserhahn).

Feudelstrich → *Lamperie*

Fidibus (Plur. *Fidibussen*) ist ein gefalteter Papierstreifen zum Anzünden od. Weiterreichen des Feuers.

Fienbroot Feinbrot aus gesiebtem Roggenmehl od. Misch-
brot aus Weizen- und Roggenmehl. Übertr.: jmd., der ein
Schwächling ist, od. jmd., der vornehm und gebildet tut
(*Hein Fienbroot*).

Fischmarkt Einen Fischmarkt findet man in vielen Städten,
aber „den" *Fischmarkt* als Attraktion und Volksfest gibt
es nur in Hamburg an der Großen Elbstraße zwischen
St. Pauli und Altona. An jedem Sonntagmorgen zwischen
ca. fünf und zehn Uhr schiebt sich eine unübersehbare
Menschenmenge an den Imbissbuden, Ständen und den
Marktschreiern vorbei – Nachtschwärmer vom → *Kiez*,
Besucher von außerhalb und Frühaufsteher aus der
Stadt. Fisch gibt es zwar immer noch zu kaufen, frisch
und in geräucherter Form (→ *Aale, Aale*), aber das An-
gebot an Trödel, Kitsch, *Tinnef* (rotw. Schund), Blumen,
Obst, Gemüse, Bananen (lastwagenweise), lebenden
Hühnern, Gänsen und Enten und den hässlichen manns-
hohen Grünpflanzen aus Holland überwiegt.

Fisimatenten (*Fisematenten*) bedeutet Unsinn, Blödsinn,
Sperenzchen, eine Tat, die böse Folgen haben könnte.
Während der französischen Besetzung zu Zeiten Napo-
leons sind zahlreiche verballhornte frz. Ausdrücke in die
deutsche Umgangssprache übergegangen, viele auch
ins Hamburgische. Wie es bei Besatzungssoldaten und
vor allem den Offizieren üblich war, warfen sie schon
mal ein Auge auf die einheimischen Mädchen mit der
eindeutig-zweideutigen Aufforderung *visitez ma tente*
(besuchen Sie mein Zelt). Die Hamburger Mutter, um den

Ruf der Tochter besorgt, rief entsetzt: Mach bloß keine *Fisimatenten!* Ra.: *to so 'n Fisematenten hebbt wi keen Geld to*. Eine andere Quelle führt die Ausrede *je visite ma tante* (ich besuche meine Tante) des frz. Soldaten gegenüber dem Wachtposten am Tor an. Strenge Sprachforscher verweisen auf das lat. *visae patentes* (ordnungsmäßig verdientes Patent), auf das mhd. *visamente* (Zierrat) od. schreiben fantasielos gleich *H. u.* (Herkunft ungeklärt) in ihre Etymologie[47]. Nicht nur Hamburg, auch Berlin und unzählige andere Städte in Deutschland erheben den Anspruch auf den Ursprung des Ausdrucks *Fisimatenten*.

Fladduus (Plur. *Fladdusen*) bezeichnet einen „schrägen" Damenhut, eine unordentliche Frisur od. übertr. gleich ein flatterhaftes Mädchen.

Fleder Holunder wurde ugs. nur *Fleder* (Flieder) genannt. Der weit verbreitete und schnell wachsende Strauch mit seinen Fruchtdolden lieferte nicht nur Tee aus den Blüten, sondern auch Saft aus den Früchten und Heilmittel für fast jedes Wehwehchen. Bei Durchfall oder Bauchschmerzen gab es *Fledertee: Fledertee, Fledertee, Mudder, mi deit de Buuk so weh!* Kein Familienmitglied entging bei Husten oder Schnupfen Großmutters → *Grog* aus *Fliederbeersaft* (Erwachsene mit einem Schuss Rum, Kinder ohne). In den Marschgebieten galt der Flieder sogar als Beschützer von Haus und Hof: *ahn Fleder vör 'n Huus is dat Huus man half*. Nicht zu verwechseln mit dem spanischen oder türki-

---

47 Herkunftswörterbuch

schen Flieder, der hauptsächlich in Operetten vorkommt.
Zur Unterscheidung vom Holunder spricht man hier vom
fienen Fleder od. → *Sireen*.

Fleet In Hamburg werden die innerstädtischen Kanäle
Fleete genannt (*fleten* – fließen), die der Hansestadt
einen Anklang an Venedig beschert haben. Die Wasser-
läufe waren teilweise Mündungsarme von Alster und
Bille in die Elbe, teils Überlaufgräben des aufgestauten
Alsterbeckens, teils angelegte Gräben entlang den Straßen. Auf → *Schuten* und abgetakelten → *Ewern* wurde
die Ladung auf den großen Fleeten zu den Speichern
gebracht. Da man die Kanäle früher nicht nur zur Trink-
wasser-Entnahme, sondern auch als Abort und Mülldepot
benutzte, ergaben sich schlimme hygienische Zustände
und pestilenzartiger Fäkaliengestank. Das Verkehrsnetz
aus 29 Fleeten bei 18 Wasserstraßen wurde nach dem
Großen Brand 1842 und nach 1945 im Innenstadtbereich
auf fünf Fleete vermindert. Vgl. → *Fletenkieker*

Flegenweert war der Inhaber einer kleinen Gastwirtschaft.
Die hd. Übersetzung „Fliegenwirt" hat nichts mit den
Fliegen zu tun, obwohl die in der Gaststube, in der Kü-
che und vor allem im Toilettenhäuschen auf dem Hof
reichlich herumgeschwirrt sein dürften, sondern mit dem
Fliegen: urspr. *flegen Weert* (fliegender, umherziehender
Wirt), der seine Getränke wechselnd an verschiedenen
Plätzen anbot, im Hafen sogar vom Ruderboot aus. Vgl.
→ *Kröger*

Nikolaifleet im Februar 1966

Fleitjepiepen Dieser Ausruf bedeutet so viel wie „Puste-kuchen!"

Fletenkieker (Fleetenkieker), also ein „Fleet-Schauer", war urspr. ein vereidigter Aufseher, der die Fahrwassertiefe in Häfen und → *Fleeten* sowie die Reinhaltung der Ge-wässer zu überwachen hatte. Später wurden die Lum-pensammler so verspottet, die mit Langschäftigen, Sack, Korb, Hacke und *Peekhaken* die bei Ebbe leergelaufenen Fleete nach noch verwertbarem Gerümpel absuchten. Spottruf: *Fletenkieker, Büxenschieter!*

Fliederbeere (*Flederbeer*). In Dolden wild wachsende Frucht des Holunderstrauchs (→ *Fleder*). Im Herbst zogen die Hamburger zu den → *Knicks* der Umgebung und pflück-ten *Fliederbeeren*. Die Beeren wurden zu Hause mit einer Gabel von den Stielen abgestreift, im großen Topf mit Zucker aufgekocht und gefiltert. Heute gibt es Entsafter, damals stellte Mutter einen Küchenstuhl mit den Beinen nach oben auf den Küchentisch, band ein Tuch an die vier Beine, stellte eine große Schüssel in den Stuhl und goss den heißen Inhalt des Topfes oben in das Tuch, um Fruchtfleisch und Saft zu trennen. Häufig gab es dabei ein Malheur. Es werden noch jetzt Küchenstühle von Generation zu Generation weitervererbt, die unten diese typischen dunkellila Fliederbeerflecken aufweisen.

Flitzbogen war ein unverzichtbares Gerät beim India-nerspielen, nämlich ein selbst gebastelter Bogen zum Abschießen von selbst gebastelten Pfeilen. Der Stock

Die wild wachsenden Fliederbeeren in den Knicks der Umgebung lockten die Hamburger im Herbst in Scharen zum Pflücken aufs Land.

aus Hasel od. Buche wurde aus dem → *Knick* geschnitten und mit einer einfachen Schnur krumm und auf Spannung gebogen.

Flott (Plur. *Flööt*) 1. Botan. Wasserlinse; vgl. → *Entenflott*. 2. Fettschicht auf gekochter Milch. 3. Schwimmkörper am Fischernetz.

Flunsch Der od. die *Flunsch* bezeichnet einen verzogenen Mund; *'n Flunsch trecken* (ein mauliges Gesicht machen); *den Flunsch hangen laten* (mutlos sein). Flunsch ist verwandt mit dem Verb *flennen* (den Mund verziehen, weinen); mhd. *vlans* – (abwertend) Maul. In Hamburg bezeichneten die Kinder auch die Kuhle beim *Marmelspiel* als Flunsch.

Zwei Hafenarbeiter machen „Föffteihn", 1962.

Föffteihn (*fofftein*). 1. Die Zahl Fünfzehn. 2. Die Arbeitspause von ungefähr 15 Minuten; *wi wüllt eerstmal Föffteihn maken; Föffteihn!* (Ruf als Aufforderung, eine Pause zu machen). Es gibt Deutungen, dass sich die Fünfzehn nicht auf die Minuten, sondern auf das Zählen bei schwerer Tätigkeit beziehen könnte. Arbeiter an der Ramme zogen 14 Mal an, beim 15. Mal machten sie Pause. Auch beim Laden von Gütern wurde beim 15. Stück od. Sack eine Trinkpause eingelegt. Zähllied: ... *dörteihn, veerteihn, föffteihn, stop, bi föffteihn kümmt 'n Sluck boben op!* od. *op föffteihn gifft 'n Drinker*[48], *denn geiht 't bi sössteihn flinker.*

Franzosenzeit Die französischen Ausdrücke kamen in großer Zahl nach Hamburg, weil Hamburg zeitweise ein Teil Frankreichs sein musste. Nach dem Sieg über Preußen bei Jena und Auerstedt ließ Napoleon am 19. November 1806 auch das neutrale Hamburg besetzen und am 1. Januar 1811 sogar seinem Kaiserreich einverleiben. Diese *Franzosenzeit*, die erst am 30. Mai 1814 endete, brachte den Hamburgern Unterdrückung, Steuerlast, Kriegsdienst, Festungsbau, Belagerung, Aufstände, Hungersnot, Vertreibung (allein 1183 Tote auf der Flucht), aber auch vielfältige und nachhaltige Begegnungen mit der französischen Sprache und Kultur, dem neuen Zivilrecht und den ja nicht nur negativen Errungenschaften der Französischen Revolution. Zwischenzeitlich waren die Franzosen 1813 für zweieinhalb Monate zum Abzug gezwungen gewesen, und zwar von einer damals hoch willkommenen russischen Armee unter

---

48 Schnaps

dem General Friedrich Carl Freiherr von Tettenborn, den die Hamburger aus Dankbarkeit gleich zum ersten Ehrenbürger der Stadt machten.

Frikadelle Der gebratene Kloß aus Hackfleisch heißt in Hamburg *Frikadelle* und nicht etwa berlin. Bulette. Aus Gründen der Sparsamkeit od. der weicheren Konsistenz wird das Hackfleisch mit eingeweichtem altem Brot gestreckt. Das kann zu viel werden, sodass sich dann die Frage stellt, ob die Frikadelle vom Schlachter od. vom Bäcker stamme. Es gab früher in Hamburg eine bekannte Bäckerei Kloss, und wenn die Frikadellen recht viel Brot enthielten, dann wurde gesagt: *düsse Frikadellen sünd mehr Kloss as Oss*[49] (enthalten mehr Brot als Fleisch).

Frostkötel *Frostkötel* bezeichnet einen leicht frierenden Menschen, und wenn Kinder sich so schimpften, meinten sie, der Beschimpfte sei ein Stubenhocker.

fuchtich Statt *Tschüs* hörte man häufig *holl di fuchtich!* od. auch *holl di stief!* 1. *sik fuchtich hollen* (gesund und munter bleiben); 2. *fuchtich* (a.: wütend).

füünsch (fühnsch) wütend, aufgebracht, heftig; *ik bün füünsch* (ärgerlich); *'n füünsch Gesicht maken; de Oolsch harr mi füünsch afneiht* (geschlagen); *'n füünschen Winter* (strenger Winter); *so 'n füünschen Walzer* (wilder Tanz).

---

49 Ochse

G

galsterich Wenn der Speck od. das Fett am Schinken gelb anläuft, ranzig wird und übel schmeckt, sagt man, es sei *galsterich* geworden; von *Galster* (überjähriges, gelb verfärbtes Fett).

Gang Schmale, nur wenige Meter breite Straße mit hoher seitlicher Bebauung, teils sogar überbaut, die in der → *Altstadt* und Neustadt zu verwinkelten *Gängevierteln* als Wohnquartier für die Unterschicht verdichtet wurde. Die überbevölkerten und unhygienischen Bereiche verelendeten immer mehr und waren Ausgangspunkt für Krankheiten und Seuchen (*Cholera* 1892), sodass sie in der ersten Hälfte des 20. Jahrhunderts niedergelegt werden mussten. Vgl. → *Geng* (Gang)

gau (Kom. *gauer*, Superl. *gaust*) schnell, flink, gewandt; *maak 'n beten gau!* (beeil dich!); *de schütt gau op* (wachsen kräftig); *se weer flinker un gauer as sünst* (sagt ein Entenjäger, der nicht getroffen hat). Sprichw.: *je öller een ward, je gauer löppt de Tiet* (im Alter vergeht die Zeit scheinbar schneller). Ein besonders flinker Dieb, ein sogenannter Schnellfinger oder Taschendieb, wurde auch als *Gaudeef* bezeichnet, dessen man sich (nicht ganz im Sinne der heutigen Menschenrechte) an der *Gaudeefsklock* (Galgen) entledigte.

Gaudeef (Taschendieb) → *gau*

Hinterhof Schulgang 8 im ehemaligen Gängeviertel der Neustadt zwischen Kornträgergang und Fuhlentwiete

Geborene Wer in Hamburg geboren worden ist, also Hamburg als Geburtsort in der Geburtsurkunde stehen hat, ist ein *gebürtiger* Hamburger. Mehr nicht. Ein *geborener* Hamburger wird man erst, wenn die Familie seit Langem in Hamburg ansässig ist. Als Mindestvoraussetzung zum Geboren-Sein heißt es: selbst in Hamburg geboren, beide Elternteile in Hamburg geboren. Eine Hamburger-Abendblatt-Leserin berichtet leicht irritiert, sie sei in den Fünzigerjahren in Hamburg zugezogen und habe einen Geborenen geheiratet. Als die Tochter zur Welt gekommen sei, habe sie gedacht, das Mädchen wäre als Kind eines Geborenen nun auch eine geborene Hamburgerin. Weit gefehlt! Das sei nur eine „Geworfene", wurde ihr bedeutet, denn die Mutter sei schließlich ein → *Quiddje*. In früheren Jahren standen diese Begriffe für teils strenge gesellschaftliche Gegensätze, jedenfalls in Bezug auf die bürgerliche Oberschicht. Eine Geborene oder ein Geborener gehörte einer der alteingesessenen und renommierten Hamburger Familien an, während dem bloß Gebürtigen der gesellschaftliche Umgang oder gar die Einheirat nicht ohne Weiteres gewährt wurde. Vgl. → *Verein geborener Hamburger*

gediegen Obwohl *gediegen* im deutschen Sprachraum etwas stark, rein und makellos Gewachsenes bezeichnet, hat dieser Ausdruck in Hamburg einen etwas anderen Beigeschmack. Wenn Heidi Kabel im → *Ohnsorg-Theater* „Dat ischa gediegen" sagte und misstrauisch auf den Kleiderschrank guckte, in den → *Henry Vahl* gerade mit einer

Flasche selbst gebrannten → *Köms* verschwunden war, meinte sie damit, dass die Angelegenheit sonderbar, eigenartig, merkwürdig und seltsam anmutete und – *„Düwel ook!"* (zum Teufel noch mal!) – genauer untersucht werden sollte; *gediegen* ist das alte Partizip des Präteritums von *gedeihen*, ahd. *gidigan*, mhd. *gedigen*.

De snackt so gediegen!

Sehr geehrte Damen und Herren, als meine Mutter im Jahre 1909 vom ersten Schultag nach Hause kam, sagte sie zu ihrer sie allein erziehenden und nur Platt sprechenden Großmutter: *„Oma, dor gah ik nich wedder hen, de snackt so gediegen!"* Mich erzog meine Mutter hochdeutsch – so gut sie konnte. Platt sprach sie leider nie mit mir.
Mit freundlichen Grüßen *Heino A.*

LESERBRIEF

geel 1. gelb, und *geel* ist als Adjektiv in vielen Begriffen enthalten. 2. *geel* bedeutet aber auch „hochdeutsch", und das aus der Sicht der Plattdeutschen mit deutlich abwertendem Unterton: *geel snacken* (hochdeutsch reden) tut jemand, der sich bewusst von seiner plattdeutschen Umgebung abheben will, um gebildet und vornehm zu erscheinen *(de Fienen snackt bloots noch geel)*. Manch → *Quiddje* sah sich schon mit der Einschätzung: *dat is 'n Geler!* in seiner neuen Hamburger Umgebung isoliert; seine Ehrlichkeit und seine Integrationsfähigkeit werden angezweifelt. Wenn die *Finkwarder* → *Speeldeel* geel singt, singt sie auf Hochdeutsch.

Geng (Gang; Plur. *Gengs*) von engl. *gang*. Eine *Geng* war eine Gruppe von Arbeitern im Hafen, die aus fünf bis zehn Mann bestand und einem Vormann (→ *Viez*) unterstand. Ein Trupp, der nur Drecksarbeit zu leisten hatte (→ *Pansenklopper*, → *Ketelklopper*), wurde → *Schietgeng* genannt. Die dunkel gekleideten Zollfahnder waren als *swatte Geng* gefürchtet. Hatten alle Matrosen Landgang, hieß es: *de Geng geiht an Land*.

Gesinde Gesamtheit der Knechte und Mägde auf einem Bauernhof od. in einem Stadthaus; *Gesindestube* (Aufenthaltsraum für die Bediensteten).

Gesocks ugs. für Gesindel, Pack, umherziehendes Volk (*socken* – davonlaufen), abwertend für Gruppen, die als asozial angesehen und abgelehnt werden.

Giez ist der Geiz od. die Habgier, die bekanntlich manchen Zeitgenossen fest im Griff hat. Raa.: *em fritt de Giez op* (von Geiz zerfressen); *bi em kunn vör Giez de Boort nich wassen; Giez helpt opladen, aver nich schuven*. Ein Geizhals ist ein *Giezknüppel; de Giezknüppel kriggt den Hals nich ehr vull, as bet he em vull Eer hett* (geizig bis in den Tod). Syn.: *Giezbuck*, *-düvel*, *-hals*, *-hammel*, *-knuppen*, *-kragen*, *-lappen*, *-pegel*, *-pesel*, *-pinsel*[50].

Glitsche (*Glitsch*) heißt 1. die Rutschbahn auf dem Eis od. auf vereister Fläche. Bei Kältegraden schütteten die Kinder früher gern einige Eimer Wasser auf eine leicht

---

50   HWB 2/Sp. 332

abschüssige Stelle, damit über Nacht eine Rutschbahn entstand; *'n Glitsch anleggen;* wenn die Jungen und Mädchen
mit Anlauf alle hintereinander *glitschten*, schafften sie
sich mit typischen Warnrufen Platz: *weg vun den Glitsch!;*
heda, vun den Glitsch!; hacker de Glitsch!; → *Hengili-*
door!, Platz för de Glitsch! 2. übertr. *op de Glitsch wesen:*
einen Seitensprung od. einen zwielichtigen St.-Pauli-Bum-
mel gemacht haben.

gluupsch 1. falsch, bösartig; *he kiekt so gluupsch.*
2. mürrisch; *'n gluupsch Gesicht.* 3. grob; *so 'n gluup-*
schen Slag; gluupsch mit Anloop (mit aller Kraft).

Gnadderbüdel Ein *Gnadderbüdel* ist ein übellauniger
Mensch, ein unzufriedener Zeitgenosse, ein Nörgler. Er ist
gnadderich (ärgerlich, gereizt). Die Fülle der Synonyma für
gnadderich könnte leicht zu dem unzutreffenden Schluss
verleiten, die Hamburger seien ein mürrisches Völkchen:
brummich, brummsch, gnargelich, gnarrich, gnarrsch,
gnattjebrummich, gnattsch, gnattschappich, gnatt-
scheevsch, gnattschich, gnattsteertich, gnegelich, gnesich,
gneterich, gneetsch, gneetschich, gnietsch, gnittelich,
gnitterich, gnittscheevsch, gnitzich, gnurrisch, grantich,
quarkich, quarrisch, quengelich, quesich[51].

gniedeln kann bedeuten, 1. etw. kurz od. erneut zu → *plät-*
ten, 2. etw. zu polieren od. blank zu reiben (*Gniedelpeter*
– Glättstein), 3. mit stumpfem Messer etw. zu schneiden

---

51 HWB 2/Sp.358

versuchen, 4. zu glitschen od. in den Straßen Schlittschuh zu laufen (bei Glatteis) od. 5. ein Musikinstrument erbärmlich schlecht zu spielen, wobei das Gniedeln auf der Geige eine besondere Zumutung für die Nachbarn ist *(op de Vigelien[52] gniedeln; 'n Leed gniedeln);* eine Ziehharmonika spielte man nicht, die *gniedelte* man: *de gniedel effenweg op sien Quetschkassen.* Eine Schraube, deren Schlitz od. deren Gewinde abgenutzt ist, ist in Hamburg *afgniedelt* od. *övergniedelt.*

Eine Landfrau aus den unfruchtbaren Geestlanden im Norden treibt eine Schar junger Gänse zum Verkauf in die Stadt – lebend und ungerupft, sodass sie noch gemästet werden müssen. Fette Gänse hingegen wurden nur geschlachtet angeboten.

---

52 Geige

Göör (Plur. *Göörn*). Als *Göör* wird jedes Kind bis zum Alter von ungefähr 15 Jahren bezeichnet; *dat söte Göör* (die süße Kleine); *vertagen Göör* (verzogener Balg); wenn ein Kind „ich will" sagte: *Göörn mit 'n Willen, kriegt wat op de Brillen!*

Goos [spr.: geo:s] (Plur. *Geus* od. *Göös*) ist natürlich die Gans, und zwar die schlachtreife weibliche Gans im Ggs. zum *Ganner* (*Ganter*, Gänserich) od. *Gössel* (Gänseküken). Wer schon einmal von einer Gänseschar vom Hof gejagt worden ist, mag nicht glauben, dass die Gans dumm ist, aber sie gilt im Volksmund so; *de dumme Goos* für einen einfältigen Menschen führte schon Richey auf[53]. *achter eenanner gahn as de Geus* (im Gänsemarsch marschieren); *sitten Goos* nennt man ein Mädchen, das nur im Sessel hockt; *ünner de Goos krupen* (unter die Bettdecke mit Gänsefedern kriechen). Mahnung an aushäusige Kinder: *gode Deerns un gode Geus kaamt bi Tieden to Huus* (zeitig wie die Gänse heimkommen).

Göps Die Köchin maß die Kartoffeln mit beiden Händen ab: *för jeedeen Kopp*[54] *'n Göps vull!* (zwei Hände voll, a: große Hand voll). Die *Göps* ist der Hohlraum der beiden nebeneinander gelegten Hände.

---

53 Richey: Idioticon S. 78
54 für jede Person

BIOGRAFIE

Gorch Fock

Pseudonym des am 22. August 1880 auf Finkenwerder geborenen Dichters *Johann Wilhelm Kinau,* der neben Kurzgeschichten und Gedichten vor allem den 1913 erschienenen Roman „Seefahrt ist not!" schuf, dessen Titel zum Schlagwort seiner Zeit wurde. Obwohl der Sohn eines Hochseefischers die Seefahrt nicht vertragen konnte und als kaufmännischer Angestellter arbeitete, wurde er im Ersten Weltkrieg zur Marine eingezogen und fiel am 31. Mai 1916 in der Seeschlacht am Skagerrak. Nach dem Dichter, älterer Bruder von → *Rudolf Kinau,* ist das Segelschulschiff der Bundesmarine „Gorch Fock" benannt, und der Verleger Axel Springer wählte das Gorch-Fock-Zitat „Mit der Heimat im Herzen die Welt umfassen" zum Motto auf Seite eins seines Hamburger Abendblatts, auf der es noch heute steht.

Grabbel ist das Subst. zu *grabbeln* (greifen, tasten); *in de Grabbel kamen* (verloren gehen). Ein *Grabbeltisch* ist ein Wühltisch mit Billigware im Kaufhaus.

Grappen (Plur.) Grillen, übertr. sonderbare Einfälle; *Grappen in 'n Kopp hebben* (dummes Zeug machen).

Grashopper Heuschrecke, a.: Feldgrille, früher nicht sehr artgerecht von fliegenden Händlern aus dem Landgebiet lebend als Kinderspielzeug verkauft, und zwar im *Grashopperbuur* (Grillenkäfig) aus Pappe in Form eines kleinen Hauses. Übertr. 1. junger, unerfahrener Mensch, 2. Zollbeamter (wegen der grünen Uniform). *Grashopper un witte Müüs* bezeichnet in Hamburg einen speziellen Bohneneintopf.

Der Grashüpferfänger nach Chr. Suhr: In der Heuerndte geben sich Leute, welche fast kein sicheres Gewerbe haben, damit ab, Grashüpfer (gryllus viridiss.) zu fangen, dieselben in papierne mit kleinen Glasfenstern versehene Käfige zu setzen, und an solche Leute zu verkaufen, welchen das Zirpen dieser Insecten Vergnügen macht. Man kann ein solches Thier wohl bis Weihnachten lebend erhalten.

Grasmieger ist die abfällige Bezeichnung für ein neugeborenes Mädchen, vor allem wenn sich Vater und Großvater einen Stammhalter gewünscht hatten. Ein erster Blick auf den Säugling, und dann die Enttäuschung: *al wedder 'n Grasmieger! Mieger* kommt von → *miegen* (urinieren), und dafür hat die Natur bei den Geschlechtern bekanntlich einen kleinen Unterschied geschaffen. Während die Jungs sich aufrecht hinterm Baum erleichtern konnten, mussten die Mädchen in die Hocke gehen, um *ins Gras zu miegen*.

Grog Ein Heißgetränk, das in Hamburg als *stieven* für *steifer Grog* weit verbreitet war und mit dem Spruch „Rum muss, Zucker darf, Wasser kann" hinlänglich beschrieben ist: einen Stößel oder Teelöffel in ein Grogglas stellen, Zucker (etwa zwei TL) einfüllen, sprudelnd kochendes Wasser hinzugießen, umrühren, vier Zentiliter Rum (oder eben mehr) hineinkippen, wieder umrühren und genießen. Angeblich geht der Ausdruck auf den englischen Admiral Vernon zurück, der *Old Grog* genannt wurde und seine Matrosen anwies, ihre Rumration mit Wasser zu mischen. In Wirklichkeit verbirgt sich dahinter das westindische Wort *grog* für eine Mischung aus Rum und Wasser. Das engl. *groggy* (erschöpft) bedeutet so viel wie „vom Grog betrunken sein".

Großer Hans Der *Große Hans* war ein Pudding aus Brotresten, an guten Tagen mit Rosinen, der in einer gewellten, konischen Pufferform mit einem Rohr in der Mitte im Wasserbad gegart und mit Fruchtsoße serviert wurde. Vgl. → *Puffer*

Groß-Hamburg-Gesetz Mit dem „Gesetz über Groß-Hamburg und andere Gebietsbereinigungen" vom 26. Januar 1937, das am 1. April 1937 in Kraft trat und bis zum 31. März 1938 vollzogen wurde, bekam Hamburg seine heutige Ausdehnung. Preußen musste die Städte Altona (mit Elbvororten), Wandsbek und Harburg-Wilhelmsburg abtreten, dazu die Gemeinden Bergstedt, Billstedt, Bramfeld, Duvenstedt, Hummelsbüttel, Lemsahl-Mellingstedt, Lohbrügge, Poppenbüttel, Rahlstedt, Sasel, Steilshoop und Wellingsbüttel aus dem Kreis Stormarn; Lokstedt mit Niendorf und Schnelsen aus dem Kreis Pinneberg; Cranz aus dem Kreis Stade; Altenwerder, Finkenwerder, Fischbeck, Frankop, Gut Moor, Preuß. Kirchwärder, Langenbeck, Marmstorf, Neuenfelde, Neugraben, Neuland, Rönneburg, Sinstorf und einen Teil von Over aus dem Landkreis Harburg sowie Pr. Kurslack aus dem Kreis Herzogtum Lauenburg. Dafür gingen Geesthacht, Groß Hansdorf, Schmalenbeck, Cuxhaven, Arensch-Berensch, Gudendorf, Holte, Spangen, Oxstedt und Sahlenburg auf Preußen über. Vgl. → *Schreibweisen*

Grünhöker (*Gröönhöker*) ist ein Gemüsehändler im Laden um die Ecke od. ein Gemüsebauer, der seine Ware auf dem Markt selbst verkauft, z. B. auf dem Hopfenmarkt an der Nikolaikirche. Schickte er seine Frau in die Stadt, war das *de Gröönhökersch*. Diesem Erwerbszweig ging Ende des vergangenen Jahrhunderts der Nachwuchs aus, sodass Zuwanderer aus der Türkei od. Indien in die Bresche gesprungen sind.

H

Hamborgföhrer Straßenhändler, die „nach Hamburg", also in die → *Alt*- und Neustadt, kamen und dort die Erzeugnisse der Vierländer Gemüsebauern verkauften. Früher waren es vor allem Händlerinnen, Frauen aus Kirchwerder, die wegen ihrer engen roten Trachtenstrümpfe als → *Ebeersbeens* („Storchbeine") verlacht wurden.

Hamburgensie Eine *Hamburgensie* ist etwas unverwechselbar auf Hamburg Bezogenes, nur oder hauptsächlich in Hamburg Vorkommendes. Im engeren Sinne galt der Begriff für die pittoreske grafische Darstellung Hamburger Motive (*Peter Suhr*, 1829) oder Hamburger Lebensart. Mit etwas Verwegenheit könnte man die Stichwörter dieses Buches Hamburgensien nennen.

Hamburgisches Wörterbuch → *Idioticon Hamburgense*

Handeule (*Handuul*). Zum Aufnehmen des Zusammengefegten hantiert man mit *Handeule und Schaufel* (Handfeger und Kehrblech). Der Name ist entstanden, weil früher die Flügelfedern der Eule zum Fegen benutzt worden sind. Scherzh. auch für Koteletten: *he hett Handulen an de Backen*.

Handschenmaker ist ein Handschuhmacher, was aber – ohne diesem Beruf allzu nahe treten zu wollen – übertr. für einen energielosen, wenig dynamischen Menschen gebraucht wird.

Hans ut Hamm

Hans ut Hamm ist das Pseudonym des Journalisten und
plattdeutschen Schriftstellers *Hans Reimer Steffen,* das er
nach seinem Wohnort am Hammer Park gewählt hat. Geboren
wurde er am 25. April 1897: *in de Eimsbüttelerstroot in Altno
hett Onkel Doktor to mien Vadder seggt:* „Ich gratuliere, ein
strammer Junge!" *Op 'n Grindelbarg hebbt se mi mit 'n Melk-
buddel groot mokt.* [55] Nach dem Ersten Weltkrieg arbeitete er
als Sportredakteur beim „Hamburger Fremdenblatt" und wurde
durch seine humoristischen → *Döntjes* und Kolumnen als
Hans ut Hamm weit über die Grenzen der Hansestadt hinaus
bekannt und beliebt. Niemand hat damals das Hamburgische
so treffend wiedergeben können wie er. Insofern sind und
bleiben seine Texte eine reiche Quelle – auch für dieses Buch.
Ihm wird vorgeworfen, seine Popularität als *Hans ut Hamm* in
den letzten Kriegstagen für in Platt geschriebene Durchhalte-
parolen in der „Hamburger Zeitung"[56] missbraucht und auch
im Oktober 1946 in der „Freien Presse"[57] nicht die notwendige
Einsicht gezeigt zu haben.[58] Danach erschien bis zu seinem
Tode keine einzige Glosse mehr unter seinem Pseudonym.
Hans Reimer Steffen starb am 29. Dezember 1950 in seiner
Heimatstadt. „Einer ging von dannen", schrieb das Abendblatt
und zeigte sich aufs Tiefste erschüttert[59].

---

55 Hans ut Hamm vertellt S. 5
56 Zeitung für Hamburg als Kriegsarbeitsgemeinschaft vom 1.9.1944
bis 30.4.1945 der Titel „Hamburger Fremdenblatt", „Hamburger
Anzeiger" und „Hamburger Tageblatt"
57 parteigebundene Lizenzzeitung der Liberalen 3.4.1946 bis 12.9.1952
58 Sonntag: Medienkarrieren S. 145
59 HA 30.12.1950 S. 19

Handstein (*Handsteen*) ist ein Ausguss in der Küche für schmutziges Wasser, meist mit hoch angebrachtem Wasserhahn, sodass der *Feudeleimer* zum Füllen daruntergestellt werden konnte. In Mietshäusern hatte früher jede Küche so ein emailliertes gusseisernes Becken, doch urspr. war der Ausguss – daher der Name – aus Sandstein gefertigt und häufig mit bunten Kacheln belegt od. mit Marmor eingefasst. In Kaufmannshäusern stand dieses Schmuckstück auch auf der Diele.

Hans ut Hamm → Biografie S. 115

Hasenmoor Offener Abzugsgraben im Stadtgebiet, durch den Abwässer, Unrat, Gülle und Fäkalien in die Flüsse und → *Fleete* geleitet wurden.

Hausschneiderinnen kamen früher tageweise in die bürgerlichen Haushalte, um Kleidung zu ändern, auszubessern od. Betttücher zu → *stürzen*. Edith Oppens schreibt: „Hausschneiderinnen an der Nähmaschine waren zu früh gealterte, bescheidene bis säuerliche Mädchen."[60]

He lücht! Dieser Ausspruch heißt auf Hochdeutsch „Er lügt!" und wurde und wird auch heute noch von Arbeitern und Seeleuten auf den Kais, Docks und großen *Pötten* den Passagieren zugerufen, die auf Barkassen und Schiffen in Hamburg eine *Hafenrundfahrt* machen und dabei den Übertreibungen, den → *Döntjes* (Anekdoten) und dem *Tüünkram* (Flunkereien) der Fremdenführer

---

60 Oppens: Hamburg zu Kaisers Zeiten S. 125

*Vorbei an großen Pötten:
Hafenrundfahrt in Hamburg*

am Mikrofon ausgesetzt sind. Den Landratten kann man nämlich allerlei erzählen... *He lücht!* wandelte sich von einem Ausruf zur Berufsbezeichnung. „Wussten Sie, verehrte Herrschaften, dass man vom Turm des Michels drei Meere sehn kann? *Wie dat?* Tags das Häusermeer, abends das Lichtermeer und inne dunkle Nacht gornix mehr!"

Heiermann Die Bedeutung im Straßenjargon war bis zur Einführung des Euro klar (Fünfmarkstück), die Herkunft weniger. Unter Umständen begegnen wir hier dem Substantiv *Heuer,* also dem Handgeld, das Matrosen beim Anheuern bekamen – und das sie, wie Erzählungen bezeugen, oft noch schnell vor dem Auslaufen des Schiffes bei gewissen Damen anlegten, die gewisse Dienstleistungen für einen *Heiermann* anboten. Allerdings ist *hei* in der Händlersprache auch die Bezeichnung für fünf (*he* – fünfter Buchstabe im hebr. Alphabet).

Hein Kurzf. des Vornamens Heinrich (*Heinerich*), der so verbreitet war, dass er ohne Bezug zu einer bestimmten Personen allgemein in einer Reihe von Spott- od. Schimpfnamen auftauchte, z. B.: *Hein Daddel* (Seemann), *Hein Doof* (Dummkopf), *Hein → Fienbroot* (Weichling), *Hein Gas* (Hamburger Gaswerke), *Hein Grootmuul* (Angeber), *Hein → Lehmann* (irgendwer), *Hein süst mi woll* (eingebildeter Mensch), *Hein Tüün* (Faselhans), *Hein Unklook* (Dummbeutel), *Hein wehr di!* (fette Speise), *Hein Stinkbudel* war die scherzh. Auflösung der Initialen *H. St.* an den stinkenden Kohlendampfern der Reederei Hugo

Stinnes. *Hein, kümmst mit lang* ist die Umschreibung für einen Dieb, *Hein Klapperbeen* oder *Gevatter Hein* die für den Tod. *Hein Mück* kommt nicht nur aus Bremerhaven, sondern stand in ganz Hamburg liebevoll für einen kleinen Jungen, auch *lütt Heini* genannt. Wurde Heini größer, müssen wir den Namen allerdings mit „Kerl" übersetzen: *wat för 'n Heini hett sik dat wedder utklamüstert.*

Heister (*Heester*) heißt die Elster, und der Elster wurden und werden allerlei unschöne Eigenschaften nachgesagt. Vor allem: Sie stiehlt; *klauen as 'n Heister; de Heister nimmt allens mit, wat blank is.* Elsterei war der Scherzn. für eine klatschsüchtige, verlogene und zänkische Person: *se hett Heistereien eten.*

Helgoländer Lotsenmütze → *Elbsegler*

Hengilidoor! (*Hanglidaar!*) Warnruf beim Rodeln od. Glitschen; *Hengelidoor, Platz för de Glitsch!* Var.: *Hengilidoor, de Klüten sünd goor!* Syn.: *Hackerdiglitsch! (hacker de Glitsch!)*

hild bedeutet eilig, eifrig, lebhaft, geschäftig; *hild gahn* (eilig zugehen); *he hett dat so hild as de Katteker* [61] *mit 'n Steert.* Vgl. → *schietenhild*

Himmelfohrt Himmelfahrtstag (Christi Himmelfahrt). Die Stellung (Arbeitsstelle) wurde häufig nicht nur zu *Martini* (Martinstag, 11. November), sondern auch zu Himmelfahrt gewechselt; *Himmelfohrt gah ik af* (scheide ich aus

---

61 Eichhörnchen

dem Dienst). In Vierlanden mussten zu Himmelfahrt die letzten gelben Wurzeln, die sogenannten *Himmelsfohrts-wörteln*, gesät sein. Das ist in Bezug auf die Jahreszeit nicht ganz logisch, da Himmelfahrt auf 35 Daten zwischen dem 30. April (so im Jahre 1818) und dem 3. Juni (z. B. 1943) fallen kann.

Hinkebock war eines der vielen Spiele im Freien, mit denen sich die Kinder früher auf der Straße stundenlang beschäftigen konnten. Mit einem Stock od. Taschenmesser auf der Erde od. mit Kreide auf den Gehwegplatten wurden Felder aufgezeichnet, durch die man *hinken* (auf einem Bein hüpfen) musste, ohne die Begrenzungslinien zu berühren. Geschah das doch, war man → *fau*. Auch → *Hinkepoot* genannt. Var.: *Himmel un Höll*

Hinkepoot 1. Heute würde man einen körperlich eingeschränkten Menschen nicht mehr als „Hinkpfote" bezeichnen, doch früher war der Ausdruck sehr verbreitet. 2. Syn. für das Hüpfspiel → *Hinkebock*.

hinten drauf Wenn die Hausfrau ihren Gästen nach dem Hauptgang verspricht, jetzt gebe es was *hinten drauf*, so werden damit keineswegs Prügel angekündigt. Gemeint ist das Dessert, der Nachtisch.

hippelich bedeutet unruhig, nervös, aufgeregt; *du büst mi veel to hippelich*.

högen Wer sich högt, der freut sich diebisch, amüsiert sich prächtig, schlägt sich vielleicht sogar auf die Schenkel, und das nicht nur aus reiner Freude, sondern häufig auch aus Schadenfreude über das Missgeschick anderer. *högen* ist das ndd. Verb für „sich freuen". Dazu gehört das Substantiv *Höög* für Vergnügen, Freude, Fest. Als Hamburg noch die Hochburg der Brauereikunst war, feierten die Beschäftigten dieses Gewerbes alle zwei Jahre ihre *Höge* (Freudenfest) mit großem, reichhaltigem Festessen im Bruderschaftshaus am Rödingsmarkt.

hojappen heißt gähnen; *laat dien Gehojapp!*, meinte die Großmutter zum Großvater, wenn der nach dem Essen mit dem Gähnen gar nicht aufhören wollte.

Höker Händler. Ein *Höker* war ursprünglich ein kleiner → *Krämer* (Gemischtwarenhändler), der nicht zu einem Amt (Zunft) gehörte, dann generell ein Kleinhändler oder Hausierer im Gegensatz zum *Koopmann* (Kaufmann), zum Großhändler. *hökern* bedeutet verkaufen (Käsehöker, Fischhöker, → *Grünhöker*). *Höker* kommt von der *Hucke*, der Traglast oder dem Bündel des Hausierers; *huckeback* (südd. *huckepack* – auf dem Rücken), *hucken* (als Last tragen), *Back* (Rücken). Früher kannte man noch den *Plünnenhöker* (Lumpensammler), der mit einem Sack auf dem Rücken von Tür zu Tür ging und für wenige Pfennig Lumpen aufkaufte. Vgl. → *Krämer*, → *Koopmann*, → *Plünnen*

holl di fuchtich! → *fuchtich*

Hude (*Huud*) urspr. Anlegestelle für Kähne und Flussschiffe, Stapelplatz für Waren (*Winterhude, Harvestehude*). In Bergedorf gibt es noch eine *Hude,* und der Platz, an dem in Oldesloe[62] die Waren auf dem Weg von Hamburg nach Lübeck auf die Traveboote umgeladen worden sind, heißt bis heute Hude.

Hummel, Hummel → Biografie Johann Wilhelm Bentz S. 125

hüsern hinaufziehen, hochwinden, etw. mit der Speicherwinde hochziehen; *de swore Kist na baven hüsern.* → *ophüsern*

Hutschefiedel scherzh. für ein kleines Auto – od. sagen wir besser: für ein sehr kleines Auto, in das kaum der Fahrer hineinpasste. In den Fünfzigerjahren gab es solche rollenden Missgeschicke auf den Straßen wie Borgward Lloyd, Messerschmitt Kabinenroller, Goggomobil od. BMW Isetta, nicht zu vergessen die Meisterleistung der ostdeutschen Ingenieurskunst aus Zwickau, genannt Trabant.

Hütt un Mütt *'n Hütt* ist eine Hütte, *'n Hüttendag* ist ein Regentag, den man im Hause zubringen muss, aber das lautm. *Hütt un Mütt* bedeutet so etwas wie den gesamten Inhalt einer „Hütte" sächlicher und menschlicher Art; *de kummt mit Hütt un Mütt antrocken* (schleppt allerlei Gegenstände herbei); *he kummt mit Hütt in de Mütt* (er bringt seine gesamte Familie mit). Vgl. → *Hüün un Perdüün*

---

62   seit 1910 Bad Oldesloe

Huulbessen Ein „Heulbesen" ist ein Besen, der heult: ein Staubsauger.

Hüün un Perdüün Es gab Tratschen, *Froonslüüd* und *Oolschen*, die den ganzen lieben Tag lang im Treppenhaus lungerten oder am offenen Fenster hingen und jeden ins Gespräch zogen. Niemand entging ihnen. Aber dafür kannten sie *Hüün un Perdüün,* nämlich Gott und die Welt, Hans und Franz od. Hinz und Kunz; *de kennt Hüün un Perdüün; se snackt över Hüün un Perdüün*. Vgl. → *Hütt un Mütt*

Hüürbaas (Stellenvermittler für Seeleute) → *Baas*

Ein Hutschefiedel! Und ist das Auto noch so klein...

Johann Wilhelm Bentz

HAMBURGER SCHLACHTRUF

Hummel, Hummel – Mors, Mors. Die Geschichte geht angeblich auf den Stadtsoldaten Daniel Christian Hummel in der → *Franzosenzeit* zurück, der wegen seiner Kriegserzählungen bei den Straßenjungen aus der Neustadt sehr beliebt war. Schon von Weitem begrüßten sie ihn mit einem lauten „Hummel, Hummel". Als Hummel starb, bezog der Wasserträger Johann Wilhelm Bentz (1787–1854) dessen Wohnung an der Großen Drehbahn Nr. 36.

Bentz war ein verbitterter Mann und beantwortete den spöttisch auf ihn übertragenen Hummel-Ruf der Straßenjungen jedes Mal ärgerlich mit einem deftigen *Moors, Moors*, was auf Plattdeutsch nichts anderes bedeutet als *klei di an 'n Moors* und sich im Hochdeutschen am anständigsten mit dem Götz-Zitat umschreiben lässt. Der Ruf und die Antwort gerieten zum Hamburger Schlacht- und Erkennungsruf. Der Bildhauer Richard Kuöhl (1880–1961) schuf zur Erinnerung an den Wasserträger den Hummel-Brunnen am Rademachergang (Neustadt).

Das heimische Autokennzeichen HH bedeutet übrigens nicht, wie Fremde (vorwiegend südlich der Mainlinie) ab und zu vermuten, Hummel, Hummel, sondern schlicht Hansestadt Hamburg.

Links: Private und gewerbliche Verbraucher kauften das damals alles andere als saubere Trinkwasser häufig bei den Wasserträgern, die schwer schleppten und zudem den Spott der Straßenjungen zu ertragen hatten. Da kann man schon mal grantig werden.

I

idelich (*iddelich*) komisch, seltsam, wunderlich; *'n ideligen Keerl* (ein wunderlicher Zeitgenosse); *mi weer ganz idelich* (mir war seltsam zumute).

Idioticon Hamburgense hieß das erste Mundartwörterbuch für das Hamburger Gebiet, 1743 auf Anregung von Gottfried Wilhelm Leibniz von → *Michael Richey* veröffentlicht und 1755 stark erweitert. Bereits darin finden wir Begriffe, die wir noch heute als typisch hamburgisch bezeichnen. Ein *Idiotikon* ist ein auf eine Sprachlandschaft begrenztes Wörterbuch. Seit ca. 1855 legte Christoph Walther sein „Hamburger Idiotikon oder Hamburgisch-Mundartliches Wörterbuch gesammelt aus dem Munde des Volks" an. Dieses handschriftliche und verzettelte Material mit rund 12 000 Einzelbelegen versuchte → *Agathe Lasch* 1917 druckfertig zu machen, musste jedoch einen Neuanfang auf wissenschaftlicher Grundlage starten. Das war die Geburtsstunde des *Hamburgischen Wörterbuchs* [HWB], das Richeys und Walthers Idiotika auf breiter Grundlage fortsetzte. Die erste Lieferung (*A–annemen*) erschien erst 1956 bei Wachholtz in Neumünster, die 30. (*Weten–zwutschen* und *Nachträge*) unter der Leitung von Jürgen Meier im Jahre 2006, gedruckt mit Unterstützung der Hamburger Sparkasse. Das Wörterbuch mit rund 40 000 Stichwörtern, jetzt in fünf Bänden zusammengefasst, ist nicht nur eine überreiche Fundgrube für das Hamburgische, sondern war auch die Quelle, die unser populär

Im 18. Jahrhundert hieß ein Mundartwörterbuch zwar noch nicht „Sprechen Sie Hamburgisch?", sondern etwas gelehrter „Idioticon Hamburgense", aber das Interesse war schon damals so groß, dass Michael Richey 1755 eine zweite, stark erweiterte Auflage drucken lassen konnte.

gehaltenes Lexikon „Sprechen Sie Hamburgisch?" in der vorliegenden Form erst ermöglicht hat.

Imme (*Imm*; Plur. *Immen*) Biene. Die Biene ist fleißig, sie sammelt Honig, aber sie kann sich auch wehren, und koste es sie das Leben; *Immen kööt ook steken*. Auf Bienenstiche träufelte man zur Linderung Pappelsaft. Ra.: *he hett dat so hild as de Immen in 'n Bookweten*[63]. Wetterregel: *dat gifft Regen, wenn de Immen avends lang buten sünd*. Die Bienenzucht galt wie die Schafzucht als sehr risikoreich: *de sien Geld weet keen Raat, de leggt dat an in Immen un Schaap*. Der Bienenzüchter heißt bekanntlich *Imker,* doch ein Immenhof *(Immenhoff)* ist nicht etwa ein Ponygestüt in der Holsteinischen Schweiz, wo die verstorbene Heidi Brühl blond und jung seit 50 Jahren über den Bildschirm reitet, sondern ein eingezäunter Bienenstand.

De Immen brummt un summt üm de Blomen.
Die Honigbiene gilt als das wirtschaftlich
wertvollste Insekt. Sie produziert
außer Honig auch Bienenwachs
– Dinge, die im alten Hamburg
eine viel größere Bedeutung
hatten als heute.

---

63 Buchweizen

inböten einheizen, Feuer anmachen; *ik heff grood inbööt, de Stuuv is schöön warm*. Vgl. → *böten*

Indje (*Indsche*) Indianer. *Indjes un Trapper* war ein verbreitetes Kinderspiel, bei dem die Trapper die Indianer zu fangen und am Marterpfahl zu fesseln versuchten (oder umgekehrt), die aber wieder befreit werden konnten. Das ging so lange, bis alle Indianer gefangen waren od. die Mutter auftauchte und die Kinder laut schimpfend nach Hause jagte. → *Hans ut Hamm* erzählt von der großen Indianerschlacht, *as sik de Jungs vun Grindelbarg un de ut de Kielortallee in de Wull harrn*. Auslöser war *de lütt dralle Deern vun Slachter Speckmann*, die die Stämme ungleich mit den *Wustzippeln* aus Vaters Laden versorgt hatte. *Annern Dag gung dat los*, und die Schlacht *an de Eck vun de Hansastroot* soll ähnlich viele Opfer gefordert haben wie der Untergang General Custers am Little Big Horn, zumal sich danach die Herren Lehrer, die keinerlei Spaß verstanden, mit dem Rohrstock auf den Kriegspfad begaben.[64]

Ische ist eine abfällige Bezeichnung für ein Mädchen od. eine Frau bzw. für eine liederliche, feile Dirne; von jidd. *ischa* (Frau).

Itsche (Frosch, Kröte) → *Üüts*

---

64 Hans ut Hamm vertellt S. 145 ff.

J

jachtern bedeutet eine Steigerung von laufen im Sinne von toben od. von schnell rennen, z.B. beim Fußball: *se jachtern achter 'n Ball her*. Es kann aber auch abhetzen bedeuten; *wat harr ik mi abjachtert, den Bus to kregen* ..., und auch brünstige Katzen *jachtern* (od. *katern*).

Jackvoll (*Jackvull*) bezeichnet anschaulich, die Jacke voll zu hauen, also eine Tracht Prügel einzustecken od. zu verabreichen; *dat gifft 'n Jackvull*; *ik harr eerst dat tweete Jackvull in de School achter mi*. Vgl. → *Fellvoll*

Jammerlappen Ein *Jammerlappen* ist ein weinerlicher Mensch, der ständig klagt. Eigtl. bedeutet Jammerlappen ein zum Abwischen der Tränen dienendes Tuch – dieser Ausdruck wird allerdings deutschlandweit gebraucht.

Jan Baas → *Baas*

Jonni Kosef. des Vorn. Johannes, übertr. 1. die Bezeichnung eines bes. großen Exemplars einer Gattung; *so 'n Jonni!*, wobei der Erzähler seine Arme als unterstützende Geste weit ausbreiten wird. 2. flache Schnapsflasche (Flachmann); *de Jonnis utsupen*.

Jungfer (*Jumfer*). Bis gegen 1800 gebräuchliche Bezeichnung für ein unverheiratetes Mädchen od. eine unverheiratete Frau, und zwar im Gegensatz zur → *Deern* von höherem Stande; *wat bi uns Deern heet, heet in de Stadt stracks* [65] *Jungfer*. Das männl. Gegenstück war der *Jungkeerl* od. *Junggast* (Junggeselle). Während die höheren Töchter zunehmend *Frollein* (Fräulein) genannt wurden, ging der Begriff auf unverheiratete Dienstmädchen und sitzengebliebene alte Frauen (*ole Jungfer*) über, ist aber noch im hamburgischsten aller Hamburger Straßennamen erhalten geblieben: → *Jungfernstieg*. Eine Jungfer sollte seinerzeit natürlich eine *Jungfro* (Jungfrau) sein, was aber schon damals nicht immer zutreffen musste.

Jungfernstieg Dieser Prachtboulevard an der Binnenalster zeigt mit seiner Eleganz und seinem Flair aller Welt, dass es sich bei unserer Stadt um eine schöne Stadt handelt. 1235 hatte er den weitaus banaleren Zweck, als Damm das Flüsslein Alster aufzustauen, um eine Wassermühle anzutreiben, die der Müller Reese pachtete. Der Damm, *Reesendamm* genannt, wurde 1665 mit Bäumen bepflanzt und vom weiblichen Geschlecht und den wohlbehüteten höheren Töchtern, den → *Jungfern*, eifrig zur Promenade genutzt, sodass die im Volksmund leicht spöttisch gemeinte Bezeichnung *Jungfernstieg* zum amtlichen Straßennamen geriet.

---

65 geradezu, umgehend

*Hamburgs Prachtstraße, der Jungfernstieg an der Binnenalster:
Ansicht mit dem alten Alsterpavillon (Mitte hinten) um 1940*

K

kabbeln sich mit Worten streiten; *se kabbeln sik mal wedder.* Adv. *kabbelich* für seem. unruhiges Wasser, das entsteht, wenn die Oberfläche durch kurze durcheinanderlaufende Wellen bewegt wird; *dat Water is allerwegens kappelich un kruus.*

Kabuff Verschlag, ein enger, meist fensterloser Wohn- oder Lagerraum; abw.: *he hett in de fuchtich[66] Kabuff twee Jahr wohnt.*

Kaff[1] Spreu, die ausgedroschenen leeren Hülsen der Getreidekörner. Vgl. → *Caffamacher*

Kaff[2] (rotw.) bezeichnet ein kleines, armseliges Dorf.

Kaffee (ndd. *Kaffe*; engl. *coffee*) wurde in Hamburg spätestens seit 1668 ausgeschenkt. 1677 wird hier nach Londoner Vorbild das erste Kaffeehaus eröffnet. Als Luxusgetränk erobert er bald die Bürgerhaushalte, während sich die breiten Schichten mit preiswertem Ersatzkaffee (vgl. → *Muckefuck*) begnügen müssen[67]. Volksgl.: Wer Blasen auf dem Kaffee hat, wird einen Kuss bekommen; od. schwarzer, kalter Kaffee macht schön. Der *Kaffedick* ist der Kaffeesatz, der *Kaffeklatsch* die Zusammenkunft mehrerer Frauen am Nachmittag zur *Kaffetiet* zum Tratschen und Kaffeetrinken, wobei das *Kaffewater* noch im Kaffeekessel auf dem Herd heiß gemacht werden musste.

---

66 feuchtem
67 HWB 2/Sp. 912

Damit der Kaffee warm blieb, bekam die *Kaffekann* auf dem *Kaffedisch* einen *Kaffewarmer* verpasst, eine wattierte Hülle, die häufig mit Schleifen und Bommeln verziert war. Vgl. → *Kaffeeklappe*, → *Kaffeteng*

Kaffeeklappe (*Kaffeklapp*). Die Kaffeeklappen waren eine Art Kantine für die Hafenarbeiter, die als soziale, aber auch die Moral unterstützende Einrichtungen zur Ausgabe von warmem Essen und alkoholfreien Getränken konzipiert war. Urspr. dienten sie als Gegenangebot zum → *Flegenweert*, der vom Boot aus im Hafen vor allem Hochprozentiges an den Mann brachte und damit angeblich Lohn und Gesundheit seiner willigen Kundschaft aufs Spiel setzte. Der Verein gegen den Missbrauch geistiger Getränke eröffnete die erste solcher Hallen 1885 in der Wexstraße, ab 1888 entstanden mehrere Kaffeeklappen im Hafen unter der Trägerschaft des Vereins für Volkskaffeehallen; *Foffteihn maken un in de Kaffeklapp gahn*. 1959 unterhielt der Verein noch fünf Haupt-, neun Nebenkaffeehallen und vier Verkaufsstände in Schuppen. Die letzte Kaffeeklappe schloss 1985 am Kaiser-Wilhelm-Hafen[68]. Vgl. → *Klapp*

Kaffeteng ist der „Kaffeetank" vor allem der Hafenarbeiter, in dem der zu Hause von der Frau gekochte Kaffee mit zur Arbeit genommen wird. Es handelte sich urspr. um einen flachen Behälter aus Blech, der mit einem Korken zugestöpselt und zusammen mit dem *Brootbüdel* (→ *Zampelbüdel*) am Riemen über der Schulter getragen wurde; *he*

---

68   Hamburg-Lexikon S. 263

nehm sien Kaffeteng un sien Brootbüdel över de Nack.
Von engl. *tank* (Flüssigkeitsbehälter). Syn.: *Kaffebuddel*.
In späteren Zeiten ersetzte die doppelwandige Thermos-
flasche das einfache Blech- od. Glasgefäß.

kalfaten (*klafaten*) bedeutet, die Fugen zwischen den
hölzernen Schiffsplanken mit Werk od. geteertem Tau
abzudichten. Das war auf See die Arbeit des Schiffszim-
mermanns. Hatte er nicht aufgepasst und zog das Schiff
Wasser, erschien ihm angeblich der → *Klabautermann*.

Kalkuut (Plur. *Kalkuten*), m. der Truthahn, Puter, f. die Trut-
henne, Pute. Truthühner waren zeitweise angesichts ihres
zarten Fleisches in der Hansestadt sehr begehrt, kamen
wegen ihres faden Eigengeschmacks auf Dauer aber gegen den Gänsebraten nicht an; abgel. vom Städtenamen
Kalkutta nach der vermeintlichen Herkunft aus Indien
(„Indisches Huhn").

kandidel (aufgedreht) → *überkandidelt*

Karbonade Die Bezeichnung *Karbonade* für das Kotelett
ist zwar nicht auf Hamburg beschränkt, ist hier aber ein
Muss. Wer ein Kotelett statt Karbonade verlangen sollte,
läuft Gefahr, der Stadt verwiesen zu werden. An die
Elbe kam der Ausdruck für das bekannte gebratene
Fleischstück am Knochen mit den französischen Besat-
zungssoldaten 1806 bis 1814. Die Grundbedeutung ist
Rostbraten. Um 1700 entlehnte das Französische das
Wort als *carbonade* aus dem ital. *carbonata*, das mit
„auf Kohlen geröstetes Fleisch" zu übersetzen ist.

Karnmelk 1. Der *Karn* ist der Kern, 2. die *Karn* jedoch ein Gefäß zum Buttern; *karnen* heißt buttern (→ *bottern*), und beim Buttern bleibt die *Karnmelk* zurück, die Buttermilch; *as Kees un Karnmelk* (bleich aussehen).

Kartoffelpuffer (Reibekuchen). Aus geriebenen rohen Kartoffeln in heißem Fett von beiden Seiten knusprig braun gebratene Pfannkuchen, wobei der Kartoffelteig beim Backen häufig ein „puffendes" Geräusch machte.

katoolsch (katholisch) werden hieß, sauer oder erbost werden, in Wut geraten; *wenn du mi nich in Roh lettst, denn warr ik noch katoolsch!* Wir wollen mit diesem Beispiel keineswegs den ökumenischen Gedanken beschädigen, aber es lässt sich nicht verschweigen, dass zu Zeiten, als Hamburg noch weitgehend protestantisch war, der Ausdruck *katoolsch* nicht nur „zur katholischen Glaubensgemeinschaft gehörend", sondern auch „von Sinnen, verrückt sein" bedeutete. Schimpfw.: *du büst woll katoolsch!* Negative Steigerung: → *appelkatoolsch* für → *appeldwatsch* (verrückt, unsinnig, verschroben).

Katt (Plur. *Katten*), männl. od. weibl. Katze, das Haustier, das am häufigsten anzutreffen und wegen der permanenten Mäuseplage unverzichtbar war. Dementsprechend häufig ist die Katze in der hamburgischen Sprache vertreten. Raa.: *de Katt in 'n Sack köpen* (ohne Prüfung kaufen); *dat is för de Katt* (ist unbedeutend); *he wull de Katt den Steert afhauen* (Unmögliches versuchen); *de Katt fallt jümmers op de Been* (unbekümmert immer Glück haben); *de*

Katt de lett dat Musen nich (niemand kann wider seine Art); *wenn de Katt nich to Huus is, speelt de Müüs op 'n Disch* (ohne Aufsicht wird man übermütig). Wetterregel: *wenn de Katten Gras freet, gifft dat Regen.* Volksgl.: *wenn de Katt sik putzt, gifft dat Besöök*, und zwar Damenbesuch beim Putzen mit der linken Pfote, mit der rechten Herrenbesuch. Abergl.: Hexen verwandeln sich gern in schwarze Katzen und bringen Unglück; *wenn 'n Katt över 'n Weg löppt, mutt man 'n Schritt trüchgahn, sonst hett man Unglück.* Erw.: *Kattenkopp* (als Pflasterstein verwendeter Feldstein); *Kattengewinn* (bedeutungsloser Erstgewinn); *Kattensteert* (Katzenschwanz); und dann haben wir da noch den *Kattenschiet* od. *Kattendreck:* im Allgemeinen ist die Katze ein stubenreines Tier, das sein Geschäft im Freien mit Erde bedeckt, aber wenn das nicht gelingt, wird sich ein bestialischer Gestank im Haus verbreiten; *de kann Kattenschiet in 'n Düüstern rüken* (jmnd., der sich bei Selbstverständlichkeiten sehr klug dünkt).

kattameng *Dat geiht nur kattameng* oder *dat möken wi kattameng* bedeutet die Aufforderung, mit anzupacken, etwas zu zweit zu erledigen, weil es für eine einzelne Person allein nicht oder nur schwer zu schaffen wäre. Es handelt sich hier um die phonetische Übernahme eines frz. Begriffs in die Umgangssprache: *à quatre mains* heißt „zu vier Händen" oder „vierhändig auf dem Klavier zu spielen".

Katteker [spr.: katt´e:ker] ist ein Eichhörnchen; *hild as 'n Katteker* (geschäftig); *de hett dat in sik as de Katteker in 'n Steert* (gerissen, arglistig). Syn.: *Eekkater* („Eichkater").

Kattun (*Katt´uun*) ist ein fester, meist bedruckter Baumwollstoff, früher auch die importierte rohe Baumwolle (engl. *cotton*), und insoweit kein typisch Hamburger Ausdruck. Doch 1. die bekannten Redensarten aus der Soldatensprache „Kattun bekommen" od. „Kattun kriegen" hörte man in der Hansestadt häufig als *dat gifft Kattuun* bzw. *Kattuun kriegen* (Schelte, Prügel). 2. übertr. *mehr Kattuun hebben* (mehr Hitze od. Gas geben). Erw.: *Kattuundrucker* (Stoffdruckfabrikant; Ende des 18. Jhs. waren bei den Hamburger *Kattuundrückers* rund 6000 Menschen beschäftigt, darunter 1000 Musterzeichnerinnen[69]); Straßenn.: *Kattunbleiche* (seit 19951 in Wandsbek nach den ehem. Bleichflächen der Kattundruckereien beiderseits der Wandse). Vgl. → *Kattuunrieter*

Ein Katteker ist ein Eichhörnchen: Geschäftig legt er große Vorräte an Samen, Nüssen, Eicheln und Bucheckern an, um im Winter nicht zu verhungern.

---

69 HWB 2/Sp. 992

In den Ottenser Eisenwerken wurden 1931 noch Schiffszylinderkessel gebaut. Die Kessel später zu reinigen war eine der anstrengendsten und schmutzigsten Arbeiten im Hafen. Die Ketelklopper gehörten zu den Schietgengs, zu den Trupps, mit denen niemand tauschen wollte.

Kattuunrieter („Kattunreißer") – scherzh. für einen Textil-
warenhändler od. Stoffverkäufer. Für die Hausschneiderei
wurde der Stoff lose gekauft. Großmutter ließ sich im
Geschäft einen Ballen nach dem anderen aus dem Regal
holen, aufschlagen und möglichst auch noch vor der La-
dentür ins Tageslicht halten, um die Wirkung der Farben
zu überprüfen. Wenn sie sich dann nach langem Zögern
(schließlich gab's nur ein neues Kleid im Jahr) entschieden
hatte, maß der Verkäufer die Länge mit dem Stab ab,
machte mit der Schere einen kleinen Schnitt an der Seite
und riss die Bahn mit einem kräftigen Ruck auseinander.
Vgl. → *Kattun*

Kaventsmann (*Kavenzmann*). 1. Ein „Prachtexemplar",
etwas überaus Großes. 2. seem. Riesenwelle.

kein Stück Etwas vollkommen Unmögliches, nicht Realisier-
bares wird mit dem Ausruf „kein Stück!" kommentiert.

Ketelklopper (a: *Kedelklopper*, Plur. *Ketelkloppers*) sind
Schiffskesselreiniger, die steinharte Ablagerungen im
Innern der Kessel früher mit Hammer und Meißel, später mit Pressluft Stück für Stück herausklopften. In der
Hierarchie der Hafenarbeiter standen sie ganz unten,
wie Jochen Wiegandt im Anhang zum Hamburger Liederbuch schreibt: Das war Drecksarbeit, das machten die
→ *Schietgengs*. Die erkalteten Kesselrückstände waren
hart wie Stein. Die Kesselreiniger sollen sich in einem
bestimmten Slang, der → *Ketelkloppersprache*, verstän-
digt haben, den heute niemand mehr versteht und der

laut Wiegandt etwa so lautete: *iwi ündsi amhi orgerbi edelki opperkli[70]*. Ketelklopper, Kesselschmiede, Nietenklopper oder Schweißer kamen während der Arbeit auf der Werft notgedrungen schwarz und schmierig daher, umso mehr Wert legten sie darauf, in der Freizeit piekfein gekleidet zu sein („Det Sünndags aber fein in Schale"). Die Nieter erschienen in den Dreißigerjahren im blau-weißen Hamburger Kittel, am Hals ein weißes Heizertuch, blaue Hose mit Schlag – und schwarzen Lackschuhen. Gemeinsam hatten sie „ihr" Lied, das „Hamborger Kedelklopper-Leet": „Det morgens schon um halbig söß, dann könnt ji uns al sehn, dann goht wie hen no Blohm un Voss, uns Geld dor to verdeen." Von *Ketel* (Kessel) und → *kloppen*

Ketelklopperspraak [spr.: -spro:k] Geheimsprache der Ketelklopper, Werft- und Hafenarbeiter. Das funktioniert so: Beginnt ein Wort (natürlich plattdeutsch) mit einem od. mehreren Konsonanten, werden diese weggelassen und am Ende wieder angebaut. Den Abschluss bildet dann ein i. Beginnt das Wort mit einem Vokal, wird nur ein i angehängt. Also: Das Wort „Ketelklopperspraak" zu *etelki opperkli aakspri*. Noch ein Beispiel: *udi annstki imi almi ami orsmi einkli* heißt „du kannst mich mal am (usw.)". Eigentlich ganz einfach. Man muss nur ein bisschen üben.

---

70 Wiegandt: Hamburger Liederbuch, Bd. 2, S. 94 f.

Kibbelkabbel So wurde ein Kinderspiel im Freien genannt, das ohne großen Aufwand viel Freude bereitete. Man benötigte dazu lediglich einen *Kibbel,* ein rund zehn Zentimeter langes Stöckchen, das mit dem Taschenmesser an beiden Enden angespitzt worden war, und einen *Kabbel,* einen einfachen längeren Stock. Die Spielregeln variierten. Hier eine Version: Der Kibbel wurde quer über ein Loch im Erdboden gelegt und mit dem Kabbel in die gegnerische Hälfte geschleudert. Fing dort ein Spieler das Wurfgeschoss, gab es Punkte, und der Fänger durfte versuchen, beim Zurückwerfen den niedergelegten Kabbel zu treffen. Gelang das, war der Schläger *af* (ab, am Ende) und musste ausscheiden, im anderen Fall schlug er auf das spitze Ende des Kibbels, sodass dieser hochsprang. Je häufiger er mit dem Kabbel in der Luft getroffen wurde, desto mehr Punkte gab es.

kiebich (*kievich*) bedeutet 1. nordd. frech, vorlaut, patzig (sei nicht so kiebig!) von mhd. *kibic* (zänkisch); *wenn du kievich büst, kriggst een lang de Bast*[71], 2. ndd. stark, kräftig; *'n kievigen Keerl.*

Kien in den Redensarten *bannig op 'n Kien wesen* (auf der Hut sein) od. *wat op 'n Kien hebben* (gewitzt sein) war auch in Hamburg zu hören, ist allerdings Rotw. (jidd. *kiwen* – aufmerksam). Vgl. → *Quivive*

---

71 Haut, hier: Ohrfeige

Kientje (Plur. *Kientjes*) hieß der große, meist rote od. braune Lutschbonbon aus fester, glasartiger Zuckermasse, wegen seiner Herkunft aus Holland (niederl. *kokinje*) auch *hollandsche Kientje* genannt[72]. Auf dem Dom fand man ihn massenhaft als *Kientjestang* (Zuckerstange). Der *Kientjekacker* war der Zuckerbäcker. In den schlechten Jahren nach dem Krieg, als die Kinder Schokolade und Bonbons nur vom Hörensagen kannten, versuchten sie häufig mit oder ohne mütterliche Erlaubnis die Kientjes selbst herzustellen. Dazu wurde die Pfanne auf der Gasflamme erhitzt und Fett und Zucker geschmolzen. Das Produkt hatte mit dem feinen → *Snoopkram* vom Dom nur den Namen gemeinsam. Würde man unserem verwöhnten Nachwuchs heutzutage so etwas anbieten, würde er wegen seelischer Grausamkeit sofort eine Beschwerde ans Jugendamt richten.

Kiep ist ein Tragekorb aus ungeschältem Weidengeflecht, in hoher Form mit zwei Handgriffen, in kleinerer Ausführung auch mit einem Bügel versehen. In *Kiepen* beförderten Landbewohner und fliegende Händlerinnen unzählige Waren, Nahrungsmittel und Gebrauchsgüter in die Stadt. Schlachter, Fischhöker und teilweise auch Bäckerburschen trugen ihre Ware in *Holzkiepen* auf der Schulter zu den Kunden.

Kiez In Hamburg bedeutet *Kiez* in der Umgangssprache das Vergnügungsviertel auf St. Pauli rund um die Reeper-

---

72 HWB 2/Sp. 1024

bahn und die Große Freiheit, während in Berlin der Stadtteil, in dem man zu Hause ist und der eine eigene Identität entwickelt hat, so genannt wird; *kiez* oder *kietz* ist
im Slawischen zunächst bezeugt als „Ort, wo die Fischer
wohnen" und wurde dann auf die den Burgen vorgelager-
ten Siedlungen niederer slawischer Dienstleute angewendet. Daraus entstand im Volksmund der spöttische Begriff
Kiez für „ärmliche Vorstadt". Inwieweit diese Bedeutung
heutzutage auf St. Pauli zutrifft, mag jeder durch eigenen
Augenschein entscheiden.

Kinau, Rudolf → Biografie S. 147

Klabautermann (seem.), Wie in allen Häfen, so hauten früher
die Seeleute nach der Rückkehr von großer Fahrt auf
St. Pauli die Heuer auf den Kopf und gaben, meist reichlich abgefüllt mit → *Grog* und → *Köm*, allerlei → *Seemannsgarn* zum Besten. Neben Seeungeheuern, Jung-
frauen, → *Kaventsmännern*, Piraten und Kannibalen ging
es dabei zum Schluss bestimmt um den *Klabautermann*.
Im Aberglauben war das ein Kobold, der geheimnisvoll
an die Schiffswand klopfte, um den Schiffszimmermann
zu warnen, wenn das Schiff undichte Stellen aufwies od.
Gefahr drohte. Wer den Klabautermann sah, dessen Schiff
ging unter; *he harr al dree Scheep mit verloren, un jümmers harr he den Klabautermann sehn*. Etym. zu *klafatern*
(→ *klafaten*, die Fugen zwischen den Schiffsplanken mit
Werg abdichten).

Rudolf Kinau

BRUDER VON GORCH FOCK

Dem Sohn eines Schiffers aus Finkenwerder war es nicht in die Wiege gelegt, ein bekannter niederdeutscher Schriftsteller zu werden. Am 23. März 1887 geboren, half er nach dem Besuch der Volksschule einige Jahre bei der Elbfischerei, besuchte die Seemannsschule und diente in der Marine, bevor er Prokurist der Fischauktionshalle wurde.

1916 griff er zur Feder und schrieb einen Nachruf auf seinen Bruder Johann Wilhelm Kinau (1880–1916), dessen Romantitel „Seefahrt ist not!" zum Schlagwort seiner Zeit geworden war: Wir kennen den Bruder alle unter dem Pseudonym → *Gorch Fock;* er fiel in der Seeschlacht am Skagerrak.

Rudolf Kinau veröffentlichte bis zu seinem Tod am 19. November 1975 33 Bücher sowie Hörspiele und Theaterstücke. Viele werden sich an ihn noch als plattdeutschen Erzähler im Rundfunk erinnern („Fief Minuten gooden Wind", „Sünnschien up 'n Weg" od. „Hör mal 'n beten to").

Rudolf Kinau war zu seiner Zeit der wohl bekannteste Hamburger Plattsnacker. Wenn ihn ein Hochdeutscher von oben herab fragte: „Ach, Sie sprechen plattdeutsch!? Immer??", antwortete er: „Ne, blooß, wenn ick mol wat seggen will!!" – „Aus Prinzip??" – „Ne, ut Finkwarder!!"

Kladderadatsch Der „Kladderadatsch" war eine politisch-satirische Zeitschrift, die von 1848 bis 1944 erschien. Der Name ist hergeleitet vom lautmalerischen (Berliner) Ausdruck *Kladderadatsch*, der etwa bedeutet: etwas fällt herunter und bricht mit Krach in Scherben. Dieser Begriff gehörte auch in Hamburg zur Umgangssprache, und zwar in der Bedeutung „Krimskrams, wertloses Zeug, Regenwetter, heilloser Zustand". Alte Sozialdemokraten erinnern sich in diesem Zusammenhang an den früheren SPD-Vorsitzenden August Bebel (1840–1913), der der kapitalistischen Wirtschaftsordnung und der bürgerlichen Gesellschaft bei jeder passenden und unpassenden Gelegenheit den „großen Kladderadatsch" (Zusammenbruch) prophezeite.

klamm 1. klemmend; *de Döör is klamm* (die Tür klemmt). 2. feucht; *mi ward de Betten klamm, wenn dor keen in liggen deit.* 3. knapp bei Kasse; *ik heff em twee dusend Mark geben, as he so klamm weer.* 4. kalt; klamme Fingern kriegen; *klamm wesen* (frieren).

klamüsern oder *klamüüstern* bedeutet sinnen, grübeln, tief nachdenken. Es kommt von *kalmäusern* (studieren) aus lat. *calamus* (Schreibrohr). Ein *Kalmäuser* ist jemand, der zurückgezogen lebt und seinen Gedanken nachhängt. *utklamüsern, utklamüüstern, utklabüüstern* (austüfteln, ausknobeln, geschickt ausdenken, etwas herausfinden); *dat hest du di wedder goot utklamüsert!*

Auch in Hamburg gelesen: die erste Ausgabe vom 7. Mai 1848

Klapp Die *Klapp* steht nicht nur für eine Klappe, sondern auch für einen Schlag od. Verschlag sowohl für Tauben (→ *Duvenklapper*) als auch für die → *Oolsch* im Schuppen, die dort wohnte und dort gleichzeitig → *Köm* und Ähnliches ausschenkte. Daraus entstand im Volksmund die ironische Bezeichnung → *Kaffeeklappe*. „Kaffee" deshalb, weil in jenen sozialen Einrichtungen streng auf Alkoholfreiheit geachtet wurde. Alte Mitarbeiter von Axel Springer erinnern sich noch an die Zeit vor 1982, als die Zeitungen des Hauses nachts an der Fuhlentwiete gedruckt wurden und die „Klappe 7" im siebten Stock für das leibliche Wohl der Drucker, Setzer und für die Spätgebliebenen aus der Redaktion sorgte. Einem Ruheständler sei der wehmütige Blick zurück auf die lange Schlange von Mitarbeitern gestattet, denen die Köche um vier Uhr morgens ihre Steaks und Würste genau nach Wunsch individuell zubereiteten.

Kledaasch Wenn von Kledage (*Kledaasch*) gesprochen wurde, war damit die Bekleidung gemeint. Deshalb sprach man auch scherzhaft von „Kledaasch und Oelke" nach dem bekannten Hamburger Ausstatter Ladage & Oelke am Neuen Wall.

Klei 1. Der *Klei* bezeichnet „fette Erde", fruchtbaren Marsch- oder Ackerboden; *Klei ünner de Fööt hebben* (wohlhabend, reich sein). Wenn die wenig attraktive Tochter eines reichen Bauern, sagen wir in den Vierlanden, in fortgeschrittenen Jahren doch noch zum Traualtar schritt, tuschelten die Nachbarn: *de hett Klei an de Hack,* will sagen, hier werde weniger die Tochter als der

Hof geheiratet. 2. *Klei* kann auch Grabenschlamm oder Schmutz bedeuten, worauf der Ausdruck *Gräben kleien* (Gräben reinigen, im Feuchten arbeiten) zurückgeht.

kleien 1. sich oder andere kratzen: *klei di an 'n Moors* od.: *klei di an de Fööt, denn warst du sööt; Kantüffeln kleien* (Kartoffeln ernten). Wer zu lange Fingernägel hatte, über den sagte man: *de kann sien Grootmudder ut de Eer kleien*. 2. schmieren, nachlässig mit der Hand schreiben; *he hett mit Bleesticken dor in dat Book kleit*. Vgl. → *klieren*

Klein Erna Bei *Klein Erna* handelt es sich um eine fiktive, aber typische Hamburger → *Deern*, Schwester von *Klein Bubi* und Tochter von *Frau Pumeier*, deren Geschichten und Erlebnisse in → *Missingsch* (Mischung aus Hochdeutsch und Platt) die Lebensart der breiten Hamburger Bevölkerung charakterisierten. Ein Beispiel? Familie Pumeier geht in Ohlsdorf bei Glatteis über den Friedhof, um die Urne mit der Asche einer verstorbenen Tante abzuliefern. Dauernd schlägt Klein Erna auf dem glatten Boden hin. Schließlich ruft sie: „Nu is aber Schluss mit die Pietät. Nu wird gestreut!" – Die Schriftstellerin Vera [Mohr-]Möller (1911–1998) hat die Geschichten gesammelt, illustriert und herausgegeben, darunter die fünfbändige Ausgabe „Klein Erna in Tüte".

klieren schmieren, unsauber schreiben: *klier nich so!* Vgl. → *kleien* (2)

klimpern Man kann mit Münzen klimpern od. mit den Wimpern klimpern, und man kann *auf dem Klavier klimpern*, also die Tasten ziemlich wahllos anschlagen. Das nervt die Mitbewohner, weshalb das Klavier ugs. auch *Klimperkasten* genannt wird.

Klöben (Rosinenbrot; *Klöven*)

LESERBRIEF

Klöben: Den Liebsten vernaschen

Leve Lüüd, ich habe die von meiner Mutter, unseren Nachbarinnen und meinen Tanten selbst gebackenen *Klöven* (Klöben) noch gut in Erinnerung. Er war ein längliches Weißbrot, das der Länge nach eingeschnitten war, woher sein Name kommt (*Klööv* – Spalte, *klöven* – spalten). Manche Frauen buken ihn mit Korinthen und/oder Rosinen, dann wurde er auch teilweise *Rosinenstuten* genannt. Einen Höhepunkt stellte der Klöven als Festtagsgebäck dar, besonders zu Weihnachten. Dann enthielt er auch Sukkade und anderes und war dann das, was man später auch *Stollen* nannte. Fast alle mir bekannten Frauen buken einen solchen Festtagsklöven. Auch beim Bäcker konnte man ihn kaufen, wo er später durchgängig in Stollen umgetauft wurde. Wer seine Liebste oder ihren Liebsten scherzhaft *Klöven* nennt, macht ihr oder ihm ein Kompliment, will sagen, dass er sie oder sie ihn am liebsten vernaschen möchte. *Heinrich T.*

klönen Wer klönt (*klönen* – reden), der plaudert behaglich, unterhält sich unter Freunden und Bekannten, verweilt bei einem *Klöönsnack* (*snacken* – sprechen). Die gemütliche Komponente bekam das Klönen erst in neuerer Zeit, denn im 18. Jahrhundert verstand man etwa unter *klöön mi nich de Ohren vull* so viel wie: „Verschone mich mit deinem Gejammer". Wer hingegen tratscht oder klatscht (*tratschen*, *klatschen* – schwätzen), der zieht über andere her, verbreitet Gerüchte und Bosheiten, der sludert, verbreitet *Sluderkram* (→ *sludern* – übel nachreden, verleumden). Hervorragend konnte Heidi Kabel solche Tratschweiber auf der Bühne des → *Ohnsorg-Theaters* darstellen, etwa im Stück „Tratsch im Treppenhaus". → *Klöönkasten*

Klookschieter So wird in Norddeutschland jemand bezeichnet, der *klook* (klug, schlau, gescheit) und viel daherredet, ohne immer so klug zu sein, wie er zu sein vorgibt, eben ein Besserwisser, Neunmalkluger – oder sagen wir es direkt auf Hochdeutsch: ein Klugscheißer. Vgl. → *Schiet*

Klöönkasten ist die Bezeichnung für unseren guten, alten Fernsprechapparat, kurz Telefon genannt. Mit seiner Hilfe kann man → *klönen* (plaudern) und mit dem Teilnehmer am anderen Ende der Leitung einen ausgedehnten *Klöönsnack* halten. Der konnte Stunden dauern, was spätestens dann bewusst wurde, wenn die Fernsprechrechnung kam.

Klööv Der *Klööv* ist die Spalte, etwa ein Riss in einem Gefäß od. der Zwischenraum zwischen zwei Kegeln, *klöven* dementsprechend spalten; → *Stubben klöven* bedeutet nicht nur, einen Baumstumpf zu spalten, sondern auch beim Tanz nicht aufgefordert zu werden. *Klöven* (Klöben) heißt das Rosinenbrot mit vor dem Backen eingeschnittener Spalte, und ein *Klövenmors* ist doppeldeutig der Spottn. für den Bäcker. → Leserbrief S. 152

Kloppe Es kam vor, dass die Jungs eines Wohnblocks, einer Straßenseite, einer Schule od. einer Schulklasse gegen die Jungs der anderen Straßenseite, der anderen Schule od. der anderen Klasse antraten, um *Kloppe zu machen*, schlicht gesagt, um sich zu prügeln (→ *kloppen*). Die gleichaltrigen Mädchen mit ihren geflochtenen Zöpfen standen auf dem Fußweg und feuerten ihre Freunde an. Dabei gab es schon einmal ein blaues Auge od. eine blutende Nase, die Auseinandersetzung hatte aber eher sportlichen Charakter und war weit entfernt von der Brutalität heutiger Jugendbanden.

kloppen klopfen, hämmern, zerklopfen, herausklopfen, sich prügeln.

klötern heißt klappern, rasseln, rauschen; *mit 'n Geldbüdel klötern; he sleit mit de Fuust op 'n Disch, dat de Tassen man so klötert; de Regen klötert an de Finster; he is so mager, dat he klötert; klöterich* (klapperig); *dat is all man bannig klöterigen Kraam*. Erw.: *Klöterbusch* (Haselstrauch), *Klöterbüss* (Klapperbüchse für Kleinkinder).

klöternatt klitschnass, ganz durchnässt; *klöternatt Tüüch anhebben*. → *klötern*

Klumpatsch Krempel, Kram, Gerümpel, die Menge unnützer Gegenstände, unerfreuliche Dinge; *nimm den ganzen Klumpatsch weg; lass mich mit diesem Klumpatsch in Ruhe.* Aus → *Klumpen* und *Quatsch*.

Klumpen (*Klump*) Haufen, Ansammlung; *in Klumpen tohoopstahn* (in Fußballreportagen jetzt „Rudelbildung" genannt); *dat kummt wedder allens op een Klumpen to liggen.* Erw.: *Klumpfoot* (Klumpfuß).

Klüüs (Plur. *Klüsen*). 1. seem. Durchlauf für die Ankerkette, Guckloch, Bullauge. 2. im übertragenen Sinne das Auge (*Oog*) beim Menschen; *de kriggt mal wedder de Klüsen nich op; du kriggst welk in de Klüsen!*

Klüüt (Plur. *Klüten*). 1. Mehlkloß; *glitschige Klüten* (halbgare Klöße); *Plummen un Klüten* (mit Backpflaumen, weit verbreitet); *Klüten un Fleesch* (mit Rauchfleisch, dazu Steckrüben, Birnen und Kartoffeln); *bunt Klüten* (mit Rosinen angemacht); *de Klüten swemmt al baven* (das Essen ist fertig). 2. *groot Klüüt* (im Beutel gekochter Kloß mit Rosinen; vgl. → *Großer Hans*). 3. *lütte Klüten* (kleine Fleischklöße in der Suppe).

Knick Wallhecken sind charakteristisch für die Holsteiner Landschaft, und Holstein reichte noch 1936 bis hinab nach Bramfeld und Steilshoop. Als → *Hein Köllisch* seine bekannte „Pingsttour" ins Rodenbeker Quellental machte, schrieb er: *un dorbi alle Ogenblick verswind mal ener achtern Knick.* Die Knicks entstanden am Ende des 18. Jahrhunderts im Zuge der Agrarreform mit Auflösung der Feldgemeinschaft, der Verkoppelung (→ *Koppel*) und dem Einhegen von Wiesen und Feldern. Die gesammelten Feldsteine wurden am Rande aufgeschichtet, mit der Erde der beidseitig ausgehobenen Entwässerungsgräben bedeckt und mit Sträuchern wie Hasel, Holunder, Weißdorn, Ahorn, Eiche, Hainbuche, Esche und Weide bepflanzt, sodass eine Abgrenzung wie auch ein Windschutz entstand. Alle sieben Jahre wurde der Knick abgeholzt, also *geknickt,* damit er nicht auswuchs, wobei die sogenannten Pfahleichen stehen blieben. Im Zuge der großflächigen Landwirtschaft gerieten die Knicks immer mehr in Gefahr. Die ökologisch wertvollen Biotope mit ihrem Vogel- und Artenreichtum mussten unter gesetzlichen Schutz gestellt werden. Ein Feldweg zwischen den Knicks wird → *Redder* genannt.

Knickerbüdel nennt man einen Zeitgenossen, der → *knickerich* ist, also ein Geizhals. Syn.: *Knicker.*

knickerich geizig, knapp; *an Bord gung dat bannig knickerich to.* → *Knickerbüdel*

Knööv bedeutet Körperkraft, Stärke; *Knööv in de Arms; dat köst Knööv; dor höört bannig veel Knööv to.*

Köllisch, Hein → Biografie S.158

Köm (*Kööm*). Für Nichthamburger: *Köm* bedeutet Kümmel, Korn, klarer Schnaps. Die Eck- oder Stehkneipe wurde dementsprechend *Köminsel* genannt, der Wirt dort *Kömkacker.* → *Lütt un Lütt* oder *Köm un 'n Beer* muss auch heute noch jeder richtige Hamburger Wirt kennen.

Köminsel: Dora Ellerbroks Eckkneipe an der Straße Kugelsort im Neustädter Gängeviertel schenkte Holsten-Bier aus.

BIOGRAFIE

Hein Köllisch

HAMBORGER PINGSTEN

Heinrich Köllisch, genannt „Hein", war ein echter Junge aus St. Pauli. Geboren am 19. September 1857 am späteren Paulsplatz, der 1949 ihm zu Ehren in Hein-Köllisch-Platz umgetauft wurde, wuchs er als Sohn eines Schuhmachers auf, der Schuhcreme in Flaschen abfüllte (→ *Buddel*) und sich Fabrikant nennen durfte. Er lernte das Schlosserhandwerk, ging auf Wanderschaft, doch nach dem Tod des Vaters kam er zurück nach Hamburg.

Aus Spaß trug er an seinem Stammtisch in einer Eckkneipe an der Bartelsstraße plattdeutsche Lieder und
Parodien vor. Dabei fiel er dem Besitzer des Cabarets „Im
siebten Himmel" (später „Walhalla") auf, der ihn für die
damals enorme Summe von 300 Reichsmark im Monat enga-
gierte. 1894 eröffnete Hein Köllisch sein eigenes Theater am
Spielbudenplatz, das „Universum". Hein Köllisch, der Hüne
mit dem prägnanten Schnauzbart, trat aus Respekt vor der
Kunst und dem Publikum stets in Frack und Zylinder auf die
Bühne. „Für meine Muttersprache ist mir der beste Anzug
gerade gut genug", sagte er.

Neben plattdeutschen Theaterstücken schrieb er mehr
als 150 Couplets, darunter „De Orgel kummt", „De Reis' na
Helgoland" und vor allem „De Pingsttour". Abend für Abend
stand er auf der Bühne. Das Publikum jubelte ihm zu. 1901
musste er aus Erschöpfung eine Erholungsreise antreten,
bei der er in Rom an Lungenentzündung erkrankte. Frau und
Tochter eilten zu ihm und drückten dem Sterbenden am
18. April 1901 einen Strauß Flieder in den Arm. Zum letzten
Mal leuchteten seine Augen auf: „Hamborger Pingsten!",
hauchte er und starb.

Als Hamburger Jung wurde sein Leichnam in die Hansestadt übergeführt. Als sich der Trauerzug nach Ohlsdorf in
Bewegung setzte, folgten Tausende dem Sarg. Der Verkehr
brach zusammen, die Elektrische musste umgeleitet werden.
„Er gehört nicht nur euch, er ist unser!", riefen die Menschen den Hinterbliebenen zu.

Kombüse (seem.) ist die Schiffsküche, das Reich des
→ *Smutjes;* urspr. ein Bretterverschlag auf dem Deck,
der zum Schlafen und Kochen diente.

Köminsel (Eckkneipe) → *Köm*

Kööksch kommt von *Köök* (Küche) und bedeutet demnach
Köchin, und zwar Köchin im bürgerlichen od. herrschaftlichen Stadthaushalt. Das Bekochen der Familie nach Anweisung der „gnädigen Frau" sowie das → *Einholen* der
Zutaten auf dem Markt od. beim → *Krämer* sowie das
Bestellen und Entgegennehmen der Waren der → *Höker*
am Lieferanteneingang waren ihre Hauptaufgaben. Konnte sich die Familie nur ein *Alleinmädchen* leisten, wurde
es häufig auch *Kööksch* genannt. In Junggesellenhaus-
halten verstand man unter einer Kööksch unter Umständen eine Haushälterin. Vgl. → *Stellung*

*Die plattdeutsche Unterhaltungs-
künstlerin Silke Frakstein tritt als
Hamborger Kööksch auf die Bühne.*

Köökschenball (Tanz fürs Personal) → *Köökschendag*

Köökschendag Früher hieß der Mittwoch in Hamburg der *Köökschendag,* weil der Mittwoch in der Regel der einzige freie Nachmittag für das meist weibliche Hauspersonal war (→ *Kööksch* – Köchin). Der Ausgang der Dienstboten war streng geregelt. Sonntagsruhe war unbekannt. Deshalb schmiss man sich am Köökschendag in seine feine → *Kledaasch* (Kleidung), um zum *Köökschenball* oder *Rangdewu* (Rendezvous, Treffen, Verabredung von Verliebten) zu gehen. Pingel am Mittelweg war ein beliebtes Tanzlokal.

Koopmann (Plur. *Kooplüüd*) bedeutete urspr. nur Großhändler, der Waren en gros an die Kleinhändler lieferte, also das, was man auf gut Hanseatisch unter einem „Kaufmann" versteht. Ab 1900 vermischten sich aber die Begriffe *Koopmann*, → *Höker* und → *Krämer* in der Umgangssprache.

Koppel h.: eingezäunte Weide. Vgl. → *Knick*

koppheister *Kopp* ist der Kopf, und *heistern* heißt „wie eine Elster (→ *Heister*) umherspringen", *koppheister* also kopfüber *scheten* (schießen), *gahn* (gehen) od. *flegen* (fliegen). Ein *Koppheisterscheter* ist ein Luftspringer, und das *Koppheisterwater* bezeichnet einen minderwertigen Schnaps, nach dessen Genuss der Trinker mit Sicherheit koppheister gehen wird.

Kötel kleiner, rundlicher Kotklumpen, Exkrement; *de hett sien letzten Kötel scheten* (über einen Sterbenden). Erw.: *Kötelbüx* (scherzh. Knickerbocker); *Kötelfeger* (Spottn. Straßenfeger); *Kötelkamer* (Toilette); *Kötelkist* (Hintern; *ik pett di in dien Kötelkist*).

kramen in etw. herumwühlen, etw. heraussuchen; nicht zu verwechseln mit *kramern* – geschäftig sein; dazu Subst. *Kramer* (→ *Krämer*).

Krämer (*Kramer*) ist ein Detailhändler mit einem kleinen Gemischtwarenladen. Nach 1890, als das Deutsche Reich spät, aber heftig in die Verteilung der überseeischen Gebiete eingestiegen war, nannte sich jeder provinzielle Krämer scheinbar weltläufig „Kolonialwarenhändler", selbst wenn Frau Pumeier von nebenan dort nichts anderes kaufte als Salz, Mehl, Gries und Buchweizengrütze. Spottn.: *Heringsbenniger, Krintenschieter* („Korinthenkacker"), *Plummhöker, Tütendreiher*. Die Krämer waren im → *Krameramt* organisiert. Sprachl. lässt sich keine feste Grenze zum → *Koopmann* od. → *Höker* ziehen. Während man in jüngerer Zeit unter einem Krämer vorwiegend einen Lebensmittelhändler versteht, haftet dem Höker immer noch der Bezug zum fliegenden Händler (→ *Melkhöker*), Marktbeschicker (→ *Grünhöker*) od. Hausierer (*Plünnenhöker*) an.

Krameramt Das *Krameramt* war zwischen 1375 und 1866 die Zunft der Hamburger Kleinhändler (→ *Krämer*), das um 1800 etwa 450 strengen Regeln unterworfene Mit-

glieder hatte[73]. Zur Versorgung von Witwen und arbeits-
unfähigen Angehörigen erbaute die Zunft 1676 als frühe
Sozialeinrichtung die sogenannten *Krameramtwohnungen*
am Krayenkamp nahe dem → *Michel,* die erhalten sind.

Kreek (Plur. *Kreken*) ist ein kleiner, einfacher Hand-Schlitten,
häufig nur mit Sitzbrett und mit Bandeisen beschlagenen
Seitenbrettern gebaut; *wo wi mit de Kreek daalrutscht
sünd.* „Die *Kreek* ist ein flacher Holzschlitten, auf dem wir
in Blankenese mit einem Steuerknüppel die Neue Wiese
runtergerüüscht[74] sind", schreibt eine Hamburger-Abendblatt-Leserin. „Die Nacht vorher wurde diese Wiese mit
Wasser besprizt, damit über Nacht das Wasser zu Eis ge-
frieren konnte. Eine Kreek gab es nicht einfach so zu kaufen, diese wurde extra von einem Zimmermann angefertigt
für ein, zwei oder drei Personen.
Die Rodler auf der Kreek hielten
sich gegenseitig und am
Steuerknüppel
fest."

*Auch der Hund hat noch Platz
auf der Kreek, einem typisch
Blankeneser Rodelschlitten.*

---

73   HWB 2/Sp. 1252 f.
74   gefahren

Es gab kaum etwas, was es beim Krämer nicht gab – im wahrsten Sinnes des Bildes ein Gemischtwarenladen.

Kröger Ein *Kröger* war ein 1. Gastwirt, der einen *Kroog,* einen Krug, betrieb, od. 2. ein Kleinhändler, der zumeist als *flegen Kröger,* als fliegender Händler, Getränke und Esswaren zum sofortigen Verzehr anbot und im Hafen vom Ruderboot aus vor allem an die Werftarbeiter verkaufte. Das war zwar verboten, wurde aber geduldet. Vgl. → *Flegenweert*

krüsch (*krüüsch*). Wenn → *Klein Erna* ihren Spinat nicht essen wollte, lustlos in der Buchweizengrütze ohne Zucker und mit Magermilch od. im pappigen Kartoffelmus herumstocherte, sagte Mutter Pumeier: „Nu sei maa nich so krüsch!", was bedeutete: Nun sei nicht so wählerisch, iss, was auf den Tisch kommt! Das ndd. Adjektiv *krüüsch* (wählerisch) ist wahrscheinlich aus der umgangssprachlichen Umstellung von *kürsch* (*kürisch*) entstanden, das zu dem Verb *küren* (wählen, ausprobieren) gehört; *de Deern is so lang krüüsch, bet se kenen afkriggt* (ein Mädchen ist so lange wählerisch, bis sie überhaupt keinen Mann abzubekommen scheint); *man nich so krüüsch sien, goot Swien fritt allens* (man nicht so krüsch sein, ein gutes Schwein frisst alles).

Kujambelwasser (seem.) ist eine Art Limonade, die von den Besatzungen der Segelschiffe, der alten Dampfer und Hochseetrawler[75] getrunken wurde – oder besser gesagt: getrunken werden musste. Für uns Landratten ist es immer wieder schwer einzusehen, dass inmitten eines Ozeans von Wasser Wassermangel herrschen soll, aber

---

75 Fischfangschiff

das Trinkwasser an Bord war früher knapp und schmeckte im Laufe der Reise von Tag zu Tag schlechter und abgestandener. Um den fauligen Geschmack zu verbergen, versetzte der → *Smutje* das Wasser mit einem Schuss Essig und einem Glas Marmelade, sodass eine Art Limonade entstand, die besonders in den schweißtreibenden tropischen Breiten für Erfrischung sorgte. Bis heute heißt in der Bundes- und Handelsmarine die Limonade an Bord *Kujambel,* nur dass jetzt keine eingeweckte Marmelade, sondern Konzentrat od. frisch gepresste Früchte verwendet werden. Übrigens: Kujambelwasser gibt es auch an Land, besonders in Hafennähe, aber wer auf St. Pauli Kujambelwasser bestellt, sollte sichergehen, dass es sich wirklich „nur" um Limonade handelt.

Kumme (*Kumm*). 1. Schüssel zum Anrühren und Servieren von Speisen; *bimm, bamm, bumm, Klüten in de Kumm.* 2. eine große Schüssel, um sich darin zu waschen. Zimmer mit fließendem, gar mit kaltem und warmem Wasser sind eine relativ neue Einrichtung. Seinerzeit wurde in den Herbergen und auch im häuslichen Schlafzimmer eine *Waschkumme,* dazu eine hohe Wasserkanne, Waschlappen, Handtuch und Kernseife auf dem *Waschtisch* (die Luxusausführung mit Marmorplatte und Wandspiegel) bereitgelegt.

Kusentrecker Die *Kuus* (Plur. *Kusen*) ist der Backenzahn, häufig der Ort für → *Tähnpien* (Zahnschmerzen), und der 1. *Kusentrecker* ist der „Zahnzieher", der Zahnarzt od. ehemals der Dentist. Zahnärzte bereiteten Schmerzen und waren deshalb durchgehend unbeliebt, wobei sie sich noch dem Verdacht aussetzen mussten, ihr Bankkonto sei umgekehrt proportional zu ihrer Beliebtheit (was mein Zahnarzt aber heftig bestreitet); der hamb. Volksmund kannte viele abfällige Begriffe; *Kusendokter, Kusenklempner, Kusenknacker, Kusenknieper, Kusenrieter* od. *Kusenschooster,* um nur einige zu nennen. 2. Ab und zu geht das Zahnziehen auch einfacher, wenn auch unfreiwillig vonstatten – ein klebriger Bonbon *mank de Kusen* genügt, um Plomben und ganze Zähne zu entfernen; deshalb heißt der Rahmbonbon scherzh. auch *Kusentrecker.* 3. Zudem wird der Kuhfuß, das Hebelwerkzeug zum Nägelziehen, *Kusentrecker* genannt.

Kuttenlicker (seem.). Der Eckenpinsel mit abgewinkeltem Stiel zum Streichen schwer erreichbarer Stellen wird auch scherzh. *Kuttenlicker* genannt. Kleiner Hinweis: Die *Kutt* ist das weibl. Geschlechtsteil (lat. *vulva*).

Rechts: Der Kusentrecker, der Zahnarzt, nähert sich im Jahre 1910 mit der Zange in der Hand seinem vor Angst misstrauisch dreinblickenden Patienten. Die Angst ist bis heute geblieben, nur die Ausstattung der Praxen präsentiert sich jetzt weitaus moderner.

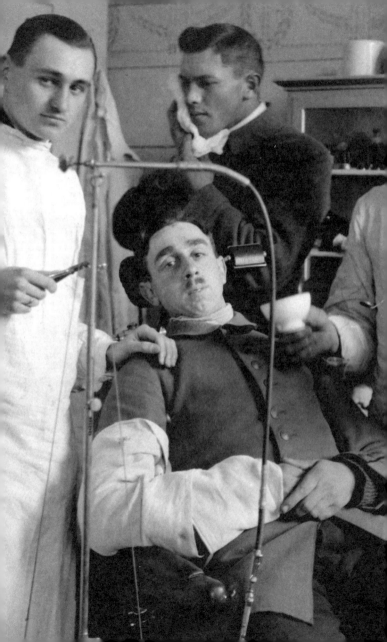

L

Labskaus Ein traditionelles Gericht der Segelschiffzeit, das der → *Smutje* (Schiffskoch) den Matrosen quasi als „täglich Brot" darbot, weil seine Grundbestandteile vor der Erfindung moderner Konservierungsmethoden an Bord länger haltbar waren: Die Grundmasse bestand aus durchgedrehtem und aufgekochtem Pökelfleisch (vgl. → *pökeln*) mit gestampften Kartoffeln, häufig mit gehacktem Salzhering, Zwiebeln und zerkleinerten Salzgurken verfeinert. An Land galt *Labskaus* (von engl. *lobscouse*) lange als Arme-Leute-Essen, bis es im Zuge nostalgischer Hinwendung zu alten Rezepten auf die Speisekarte aller traditionsbewussten Restaurants geriet. Labskaus wird jetzt meist mit Rollmops, Gewürzgurke, Roten Beten und pro Portion mit einem Spiegelei serviert.

Labskaus – nach Hamburger Art serviert

lahmlennich (erschöpft) → *maddelich*

Lameng ist die Hand (von frz. *la main*); *aus der Lameng* (aus der Hand, so mit links, ohne großen Aufwand); *ut de Lameng spelen* (beim Skat aus der Hand spielen).

Lamperie Der *Lambris* ist die frz. Bezeichnung für die untere Wandverkleidung in hochherrschaftlicher Wohnumgebung aus Holz, Marmor oder Stuck. Landschaftlich wurde *Lambrie* oder *Lamperie* daraus, womit der Hamburger ursprünglich wohl etwas spöttisch die Fußleiste meinte, zu der die edle Holzverkleidung geschrumpft war. Sparsame Hauswirte schenkten sich auch noch die Fußleiste und begnügten sich in Treppen- und Bürohäusern mit einem handbreiten *Feudelstrich* aus Ölfarbe, der die Wand schützen sollte, wenn Frau Pumeier mit → *Feudel* und → *Leuwagen* (Wischtuch und Schrubber) in alle Ecken fuhrwerkte.

Lasch, Agathe → Biografie S. 172

Leckertähn Leckermaul; *sik de Leckertähn uttrecken laten* (seine Ansprüche zurückschrauben). Vgl. auch → *Seep*

Lehmann Mit einem *Lehmann* (*Lemann*, Vorschlaghammer) sollte man sich nicht auf seinen Finger hauen; ndd. *Lemann*: 1. Familienname Lehmann; *dat kann Hein Lehmann sien Kutscher ook* (das kann jeder). 2. Vorschlaghammer, auch Scherzn. für Dachdecker od. Zimmermann.

BIOGRAFIE

Agathe Lasch

Sie war nicht nur erste Professorin der 1919 gegründeten
Hamburger Universität, sondern auch die erste Germa-
nistikprofessorin in Deutschland. Wir verdanken ihr den
Beginn der Arbeiten an dem *Hamburgischen Wörterbuch*
(1917), das erst 90 Jahre später abgeschlossen werden
konnte. Ohne diese schier unerschöpfliche Quelle wäre
unser vorliegendes Hamburgisch-Lexikon nicht möglich
gewesen. *Agathe Lasch* wurde am 4. Juli 1879 in Berlin
geboren, hatte als Frau in der damaligen Zeit aber große
Hindernisse zu überwinden, um das Abitur nachzuholen,
in Heidelberg zu promovieren und sich schließlich 1919 in
Hamburg zu habilitieren. 1923 wurde sie zur Professorin
berufen, von den Nationalsozialisten als Jüdin 1934 jedoch
aus dem Staatsdienst entlassen, ihrer Bibliothek beraubt,
mit Publikationsverbot belegt, 1942 schließlich nach Riga
deportiert und dort am 18. August, dem Tag ihrer Ankunft,
ermordet. Seit 1971 gibt es den Agathe-Lasch-Weg in Othmarschen und seit 2004 in Berlin den Agathe-Lasch-Platz.
Die Universität Hamburg benannte 1999 einen Hörsaal
nach ihr, und seit 1992 wird der Agathe-Lasch-Preis für besondere Verdienste um die norddeutsche Sprachforschung
vergeben. Gegen das Vergessen verlegte man auf Initiative
des Vereins für Hamburgische Geschichte für Agathe Lasch
einen Stolperstein vor dem Haus Nr. 9 in der Eppendorfer
Gustav-Leo-Straße (früher Rehhagen). Vgl. → *Idioticon
Hamburgense*

Leuwagen (Leiwagen). 1. In Hamburg und um Hamburg herum war der *Leuwagen* eine kurzborstige Scheuerbürste mit langem Stiel zum Nassreinigen von Böden und Wänden, meist zusammen mit einem → *Feudel* benutzt („Feudel und Leuwagen"), der um den Leuwagen geschlagen wurde. In dem Namen steckt das ndd. *leu* (*loi, lei*) für faul und *wegen* für bewegen; ein Leuwagen war also ein „Leichtbeweger". *leu* wird oft zur Bezeichnung eines der Bequemlichkeit dienenden Hilfsmittels gebraucht[76]. Der Stiel an dem Schrubber gestattete Großmutter, im Stehen zu *feudeln*, statt auf den Knien rutschen zu müssen. 2. *Leuwagen* ist seem. auch die Bezeichnung eines Stahlbügels auf dem Segelschiffdeck, auf dem die Schott des Segels gleiten kann.

liekers 1. Adv. in gleicher Weise, ebenso; *de Brögam in Swatt, de Bruut un de Tügen liekers*. 2. Konj. obwohl; *de Hand weer warm, liekers se keen Handschen kenn*.

Feudel und Leuwagen – typische Haushaltsutensilien in Hamburg und um Hamburg herum

---

76 Kluge S. 517

Lili Marleen Das berühmteste Soldatenlied aller Zeiten („Vor der Kaserne, vor dem großen Tor") wurde von einem Hamburger geschrieben, dem Lehrer und Dichter Hans Leip (1893–1983), als er 1915 vor seinem Einsatz an der russischen Front als Gardefüsilier Wache vor der Berliner Kaserne Kesselstraße stand. 1937 vertonte (nach Rudolf Zink) einer der Komponisten des Dritten Reiches, Norbert Schultze (1911–2002, „Bomben auf Engeland"), erneut die sentimentalen Reime eingängig im Marschrhythmus. Sängerin war *Lale Andersen*[77]. Der Start der Platte geriet zum Reinfall. Nur wenige Exemplare wurden verkauft, bis der deutsche Soldatensender Belgrad am 18. August 1941 das Lied zum ersten Mal spielte und dessen Erfolg bei allen Armeen und über alle Fronten hinweg begründete.

Linnen Leinen, Kleidung aus Leinen. *Linnenschapp* ist der Wäscheschrank, *Linnentüüch* das Leinenzeug. Dieser Ausdruck bezeichnet aber auch die Aussteuer, die die → *Jungfer* ansammelte und mit der sie hoffte, ihre Heiratschancen zu verbessern; *se sitt bet an de Ohren in Linnen.*

Loreleybrühe Vor allem auf dem → *Kiez* serviertes minderwertiges Getränk, bei dem man nicht erkennen kann, ob es sich nun um Kaffee, Tee oder *Schöttelwater* (Abwaschwasser) handeln könnte. Anspielung auf die bekannte

---

77 Lale Andersen, d. i. Lise-Lotte Helene Beul, geb. Bunnenberg, geb. 1905 in Lehe (heute zu Bremerhaven), gest. 1972 in Wien, beigesetzt auf Langeoog

Lale Andersen unter der Laterne, vor dem großen Tor...

„Loreley"-Zeile von Heinrich Heine (1797–1856): „Ich weiß nicht, was soll es bedeuten."

Lork „Du verdammtes Lork!", schimpfte die Mutter. *Lork* (a.: *Luurk*) bedeutet eigentlich Lurch, Kröte, Schlange, übertr. unartiges Kind (aber nicht sehr böse gemeint): *du Lork; 'n vertagen Lork* (verzogenes Göör); *dat lütt Lork.*

Lude Zuhälter gibt es allen Drohungen im Strafgesetzbuch zum Trotz in vielen Städten, und *Luden* werden sie nicht nur in Hamburg genannt, aber der Hansestadt wird von Besuchern aus ganz Deutschland offenbar ein besonderer Bezug zum Rotlichtmilieu unterstellt, wenn Busladungen von vergnügungsbereiten Kegelklubs und Thekenmannschaften den Bereich zwischen Millerntor und Nobistor ansteuern. Der ugs. Ausdruck *Lude* kommt vom frz. Vornamen *Louis* (dt. Ludwig) und bezieht sich auf die gleichnamigen Könige im 17. und 18. Jahrhundert, die zwar keine Prostituierten laufen hatten, aber eine Schar von Mätressen unterhielten. Nicht jeder Hamburger Zuhälter war ein *Erfolgslude* und konnte sich allerlei *Ludenspielzeug* leisten (Straßenkreuzer, Rennboote, Dreirad-Chopper). Ein *Hartgeldlude* od. *Heiermannslude* mit einem nur mäßig verdienenden Mädchen hatte dagegen nur einige Münzen und keine Scheine im Portemonnaie.[78] Syn.: *Louis*, *Ludewig*.

Luffen Rosinenbrötchen wurden bes. südlich der Elbe auch *Luffen* genannt. Vgl. → *Stuten*

---

78 Siewert: Nachtjargon S. 118 f.

Lümmeltüte In den Fünfzigerjahren unter der Hand beim Friseur und in der Drogerie gekauft, dann aus den typischen schmalen Automaten in der Herrentoilette gezogen, nach Verbreitung der Pille kaum mehr benötigt, werden heutzutage unter der Aids-Bedrohung Präservative bestimmt nicht mehr *Lümmeltüten* genannt.

Lünk (Plur. *Lünken*). Die *Lünken* sind die Sperlinge, die Spatzen, die nicht nur in Hamburgs Gärten, sondern auch auf Hamburgs Straßen allgegenwärtig sind. Im Frühjahr 2009 gab es „Spatzenalarm" im Abendblatt, weil diese Vögel angeblich vom Aussterben bedroht waren. Eine Zählung brachte jedoch das Ergebnis, dass es sich nach wie vor um die meistverbreitete Singvogelart handelt, nur nicht mitten auf der Steinstraße, weil dort keine Pferdeäpfel mehr zu finden sind. Leser erinnerten sich wehmütig an das Gedicht von → *Hermann Claudius*: *De Lünken vun de Jacobikark, de larmt ehr Fröhjohrsleed* … Ra.: *'n Lünk in 'n Nacken hebben* (schnippisch sein); *nu geiht de Reis los, sä de Lünk, as de Katt mit em na 'n Böön lööp.* Erw.: *Lünkenlarm* (Spatzenlärm, übertr. Gezänk um nichts).

lütt (Kom. *lütter*, Superl. *lüttest*) heißt 1. klein; *he is so 'n lütten Dutt* (so klein); *groot oder lütt schrieven* (Rechtschreibung auf Platt); *dat Lütte* (das Neugeborene); *de Lütten* (die Kinder); *se schall wat Lütts hebben* (sie ist schwanger); *lütt Huus* (Abort); *Lüttdeern* (Kleinmagd, die meistens gleich nach der Schule eine Stelle angenommen hatte); *Lüttbuur* (Kleinbauer). 2. Kosew. lieb; *mien lütt, söte Mudder; mien lütt Fro* (meine liebe Frau, die von

Gestalt durchaus groß sein konnte). Raa.: *lütt Broot maakt fett, aver bloots den Becker; lütte Kinner, lütte Sorgen, grote Kinner, grote Sorgen; beter lütt un kregel as so 'n groten Flegel.* Vgl. → *Lütt un Lütt*

Lütt un Lütt – kleines Bier und kleiner Korn. Viele werden sich erinnern, wie → *Henry Vahl* als Schustergeselle Matten im → *Ohnsorg-Theater* auf die fünf Mark Trinkgeld des Bürgermeisters guckte, die er als vermeintliche Bestechung eigentlich wegwerfen wollte, dann aber ausrechnete, wie viele schöne Lagen *Lütt un Lütt* er dafür in seiner Stammkneipe bekommen würde. Auf Hochdeutsch „Klein und Klein", ist Lütt un Lütt ein kleiner Köm (2 cl) und ein kleines Bier (0,1 l)[79], mit dem nachgespült oder das sogar artistisch gleichzeitig getrunken wird. Hamburger-Abendblatt-Leser Jochen Blanken weiß es genau: „Für *Lütt un Lütt* gab es spezielle kleine Biergläser *(Lütte)* mit 0,1 Liter Inhalt. Das lütte Bierglas wurde zwischen Daumen und Zeigefinger und das Schnapsglas zwischen Zeigefinger und Mittelfinger einer Hand gehalten. Beim Trinken lief dann der Köm ins Bier und beides auf einen Zug in den Mund des Trinkers. Mit den heute üblichen 0,25-Liter-Gläsern wäre diese klassische Zeremonie von Lütt un Lütt gar nicht möglich gewesen. Diese Größe entspricht eher der in ganz Norddeutschland verbreiteten Trinksitte von *Köm un Beer.*" Vgl. → *Köm*

---

79 später 0,25 Liter

M

maddelich matt, erschöpft, entkräftet; *mööd, maddelich un slapp vun de swore Arbeit*. Syn.: *lahmlennich* (schwach, kraftlos)

mall sein bedeutet, angeblich nicht ganz bei Verstand od. gar verrückt zu sein. Auch der Wind, der beim Segeln umspringt und plötzlich aus einer ganz anderen Richtung weht, wird als *mall* bezeichnet.

Malöör (von frz. *malheur*) ist das Pech, Missgeschick od. Unglück; *he hett Malöör hatt* (hat Pech gehabt); *dat is keen groot Malöör* (nicht besonders schlimm). Ra.: *wenn du Malöör hebben schallst, denn brickst di den Dumen in de Nees af* (wenn du Unglück hast, brichst du dir den Daumen in der Nase ab). Verb: *malören* (misslingen, schiefgehen).

Mann (Plur. *Mannslüüd*) ist zwar ein Allerweltswort, kommt aber gerade deshalb in einer Fülle von Erweiterungen, Komposita, Familiennamen und Redensarten vor, z. B.: *mit Mann un Muus* (mit allem, was dazugehört); *so de Mann is, so ward em de Wust braadt* (jeder bekommt, wie er es verdient hat). → *Rudolf Kinau* hat beobachtet: *je wieder na 'n Süden – je fliediger[80] de Froons un je fuler un dickfelliger de Manns*. Ausrufe des Erstaunens od. der Verwunderung: *Mannomann!* (Mann o Mann); *Mannometer!* (Mann o Meter). Die Wendung *Mann in de Tünn!* (Mann

---

80 fleißiger

in der Tonne) bekommt dann einen Sinn oder vielmehr Hintersinn, wenn man weiß, dass urspr. der Pastor in seiner tonnenähnlichen Kanzel gemeint war, dessen Predigt offenbar weniger geistliche Erbauung vermittelte denn Erstaunen und Verwunderung hervorrief.

Hier geht's um Marmeln und um die Ehre: Barmbeker Jungs am 18. April 1931 im Wettstreit. Die Gymnasiasten unter den Kindern haben die damals gebräuchlichen Schülermützen in den Farben der Klassenstufen auf dem Kopf.

Marmel (*Mardel, Murmel*). Heutzutage spielen die Kinder nicht mehr mit *Marmeln*, sondern sitzen am Computer, aber früher gehörte das Marmelspiel zur täglichen Freizeitbeschäftigung der Jungen und auch der Mädchen im Freien – am Straßenrand, auf dem Fußweg oder in der Pause auf dem damals durchweg unbefestigten Schulhof. Marmeln sind farbige Spielkugeln aus Ton, Stein od. Glas, selten auch aus Stahl, die je nach Größe und Beschaffenheit einen unterschiedlichen Tauschwert haben. Aufbewahrt im Marmelbeutel, der Marmelkiste od. dem Kasten mit Fächern zum Ordnen der Kugeln, waren sie der Stolz ihrer Besitzer und bildeten eine Art „Kinderwährung". Sie wurden aber nicht nur getauscht, sondern auch beim Spiel gewonnen oder verloren. Die Spielregeln variierten zum Teil von Straße zu Straße, die Ausrufe, Verbote und „Fachbegriffe" waren unüberschaubar und nicht selten der Grund für Kindergeschrei und pausenlose Zankereien. Meist wurde mit dem Stiefelabsatz ein Loch in die Erde gedreht, die umliegende Fläche festgetreten und von jedem Spieler aus gleicher Entfernung eine bestimmte Anzahl Marmeln in Richtung des Lochs geworfen. Wer dabei am besten abschnitt, durfte als Erster versuchen, die außen liegenden Marmeln mit den Fingern in die Kuhle zu stoßen od. zu schnippeln. Klappte das nicht, kam der Nächste an die Reihe. Wer die letzte Marmel einlochte, erhielt den gesamten Inhalt. Schlimm für denjenigen, der seine gesamten Kugeln verloren hatte. Er bettelte sich bei Mutter od. Großmutter ein paar Pfennig zusammen, ging in einen dieser Stubenläden mit Spielwaren, die sitzengebliebene alte Fräuleins betrieben, und bekam nagelneue Marmeln in die Hand abgezählt. Der → *Krämer* hatte die Marmeln in großen Glashäfen untergebracht, gleich neben den Gläsern mit den Bonbons, was man tunlichst nicht verwechseln sollte. Übrigens: Mit der Konfirmation war man erwachsen und spielte fortan keine Marmeln mehr. Die bis dahin angesammelten Kugeln wurden den Jüngeren zusammen mit Bonbons zugeworfen *(Konfirmannenbontjes)*.

Mekelnborch lautete in Hamburg die Bezeichnung für das Großherzogtum Mecklenburg[81], das ja gleich hinter Ratzeburg, Büchen oder Schwarzenbek begann. Die schlechten Lebensbedingungen in Mecklenburg veranlassten vor dem Ersten Weltkrieg viele Bewohner, nach Hamburg abzuwandern. Wie alle Zuwanderer wurden sie von den Alteingesessenen nicht gerade mit offenen Armen empfangen und fanden sich in erster Generation auch in der Hansestadt am unteren Ende der sozialen Skala wieder. Nicht ohne Vorbehalt hieß es: *Hamborg is doch de Hauptstadt vun Mekelnborch,* und weniger freundlich: *wenn in Mekelnborch en Kind boren ward, ward dat mit 't Gesicht nach Hamborg dreiht und dorbi seggt: kiek, dat is dien Heimat!* Was Wunder, dass die Mecklenburger für negative Attribute herhalten mussten. *Mekelnborger Ananas* hat nichts mit der exotischen Frucht zu tun, sondern bedeutete schlichtweg Steckrüben, und die *Me-*

---

81 Das c in eck ist ein Dehnungs-c; vgl. -beck, spr. -be:k, Eckhorst, spr. Eekhorst.

kelnborger Sünn leuchtete nicht etwa am Tag strahlend vom Himmel, sondern war die ironische Bezeichnung für den Mond. Vater zeigte auf den Vollmond und rief: *süh, Hein Mekelnborch!* Erw.: *Mekelnborger Schilling* (ungültige Münze), *Mekelnborger Krankheit (jümmers mööd un hungerich un so 'n innerliche Angst vör de Arbeit)*. Kinder, die beim Essen den Kopf *mekelnborgsch* mit den Händen auf den Tisch aufstützten, machten das *Mekelnborger Wappen* (Stierkopf, darunter ein Frauenarm bis zum Ellenbogen im Wappenschild von Mecklenburg-Schwerin).

melanklöterich Adj. schwermütig, melancholisch; *he kratzt melanklöterich op sien Fiedel* (Geige). Subst. *'n Melanklöterigen kriegen* (trübsinnig werden).

Melkhöker (*Melkmann*; Milchhändler, Milchmann), der die Milch bei den Bauern in den Dörfern aufkaufte und sie in der Stadt, meist ambulant von Tür zu Tür, vertrieb. Früher wurde die Milch offen mit dem Maß in den *Melkputt* (Milchtopf) geschöpft, den die → *Kööksch* an die Tür brachte. Bis in die Fünfzigerjahre stellte dann der Milchmann die typischen Milchflaschen, die mit einem runden Pappdeckel verschlossen waren, vor die Tür. Häufig fuhr er mit einem knatternden und stinkenden Dreiradlieferwagen der Marke Tempo seine Kundschaft ab. *Melkmann sien Büx* war natürlich nicht die Hose des Milchmannes, sondern die Haut, die sich beim Abkühlen auf der gekochten Vollmilch bildete. *Melkmann sien Koh*[82] bezeichnete

---

82 Kuh

scherzh. eine Wasserpumpe, weil viele Milchhändler im Verdacht standen, die Milch mit Wasser zu strecken *(Melkpanscher; de Pump is ja den Melkhöker sien beste Koh)*. Ein *Melkbuur* war ein Kleinbauer, der die Milch der eigenen Kühe in der Stadt verkaufte.

meschant Aus frz. *méchant* (böse gefährlich) wurde während der → *Franzosenzeit* hamb. *meschant* für abscheulich, hässlich, unwohl, garstig od. boshaft. Ein ungepflegtes Haus oder ein verwahrloster Bahnhof wurde als *meschant* bezeichnet. Spottvers: *Napolejon de Groot, mit den meschanten lütten Hoot*. Wenn nur ein Teil der Kleidung korrekt war, hieß es: *baven*[83] *galant un ünnen meschant*.

meschucke bedeutet verrückt, nicht mehr ganz bei Verstand, eben meschugge; *du büst woll meschucke!; 'n meschucken Hering* (eine verrückte Person). Etym. jidd. *meschuggo* (verrückt).

Mett[1] (Plur. *Metten*) f., Regenwurm, unverzichtbar für Angler und Gärtner. Warum Regenwurm? *wenn de Metten ut 't Lock kiekt, hett dat regent*. Schimpfw.: *Mettenmors* (unbedeutende Person); *lange Mett* (dünne, lange Gestalt). Übertr. *Mettensommer* (Altweibersommer, in dem lange Fäden in der Luft schweben); *Mettensöker* (scherzh. Gärtner).

---

83 oben

Mett [2] n., gehacktes od. grob durchgedrehtes schieres Schweinefleisch, gewürzt und geräuchert zur *Mettwurst* verarbeitet bzw. roh mit Salz, Pfeffer und Zwiebeln angerichtet. *Thüringer Mett* bekommt noch Kümmel beigemischt, aber das ist eine Thüringer Spezialität, die jedoch auch an der Elbe schmeckt. Auf heftigen Protest stieß die Bezeichnung „Hackepeter", irrtümlich in unsere Serie geraten, bei den alten Hamburgern; Hackepeter sei berlinisch, hieß es, und dort könne er auch bleiben.

Michel Selbst Auswärtigen muss man es nicht erklären: Die Hauptkirche St. Michaelis in der Neustadt zwischen Krayenkamp und Ludwig-Erhard-Straße, kurz *Michel* genannt, ist das bekannteste Wahrzeichen unserer Stadt. Wenn in irgendeinem Film der Michel mit seinem typischen, 132 Meter hohen Turm und dem offenen Säulenumgang in 82 Meter Höhe eingeblendet wird, wissen die Zuschauer in der ganzen Welt: Das Folgende spielt in Hamburg an der Elbe. St. Michaelis wurde erst 1647 als fünftes Kirchspiel von St. Nikolai abgetrennt. Der erste, 1661 fertiggestellte Kirchenbau brannte bereits 1750 ab, und 1906 bot der erneut lichterloh brennende und einstürzende Michel-Turm ein schauriges Schauspiel. Im Weltkrieg stark beschädigt, wurde 1996 die Turmsanierung abgeschlossen, die für alte Hamburger einen kleinen Schönheitsfehler hatte: Die Kupferplatten präsentierten sich danach nicht mehr grün, sondern kupferfarben braun. Aber das ändert sich im Laufe der Jahre wieder.

Mietjes warten am Bordstein in einer engen Gasse des Gängeviertels auf Kundschaft.

miegen bezeichnet eine Tätigkeit, die wir hier im gehobenen Deutsch einmal als urinieren übersetzen wollen, um Verben zu vermeiden, die mit *pi*... beginnen (lat. *mingere*). Ein *Mieger* od. eine *Miegeemk* bezeichnet eine Ameise, so genannt wegen ihres strengen Sekrets. Vgl. → *Grasmieger*

Mietje ist eigentl. der Kosename von Maria und hat in der Form *söte Mietje* durchaus einen positiven Klang. Doch wie so häufig, macht es auch hier die Masse: Im Plur. bekamen die *Mietjes* einen abfälligen Beigeschmack als Arbeiterinnen *(de Mietjes vun de Fabriek)* od. gar als leichte Mädchen, die sich freihalten ließen und gegen entsprechendes Entgelt wohl auch zu weitergehenden Diensten bereit waren.

Milch in Tüten Wenn jemand sich sehr ungeschickt oder ungemein dumm anstellte, schimpfte der Großvater: „Der will wohl die Milch in Tüten kaufen!" Er konnte nicht ahnen, dass das heute ganz normal ist. Vgl. → *Melkhöker*

Missingsch Die Mischung aus Plattdeutsch und Hochdeutsch wird *Missingsch* genannt. Sie war in Norddeutschland früher häufig zu hören, in Hamburg hauptsächlich in den Arbeiter- und Hafenvierteln, wobei die Sprecher mit *spitzer Zunge über den spitzen Stein stolperten*. Vera Möller (1911–1998) in ihrer Sammlung über → *Klein Erna* und der Schriftsteller → *Dirks Paulun* („Wommasehn!") schrieben perfektes Hamburger Missingsch. Kurt Tucholsky (1890–1935) liefert uns in seinem „Schloss Gripsholm" eine unübertreffliche Definition des Begriffs: „Missingsch ist das, was herauskommt, wenn ein Plattdeutscher hochdeutsch sprechen will. Er krabbelt auf der glatt gebohnerten Treppe der deutschen Grammatik empor und rutscht alle Nase lang wieder in sein geliebtes Platt zurück." Viele Hamburgisch-Begriffe sind plattdeutsch, viele sind Missingsch, also nicht mehr richtig plattdeutsch, aber noch nicht richtig hochdeutsch. Häufig kann man in Missingsch treffende Erklärungen liefern, etwa über die vielseitige Verwendbarkeit einer → *Kumme* (Schüssel). Zitieren wir Vera Möller[84]: Frau Pumeier ruft aus der 3. *Etaje* auf 'n Steindamm in 'n Hof: „Klein Erna, Klein Erna!!! Komm ra-auf, Füße waschen, Mamma braucht die Kumme gleich zu Sala-at!" – Noch einen, mit Grammatik: Meta hüpft auf 'n Schulhof mit 'n Springtau. Klein Erna sagt: „Lass *mir* mal springen!" Das hört die Lehrerin und verbessert: „Nein, lass *mich* mal!" „Oh ja", ruft Klein Erna, „lass *ihr* mal!"

Mitschnacker bezeichnete einen Mann, der mit Verspre-chungen, Schokolade od. Bonbons kleine Kinder zum Mitgehen überredete, um ihnen dann Böses anzutun. Das Problem war in den Nachkriegsjahren allgegenwär-tig, weil die Jungen und Mädchen wegen der beengten Wohnverhältnisse tagsüber, auf sich allein gestellt und häufig mit dem Wohnungsschlüssel am Band um den Hals (Schlüsselkinder), auf der Straße spielten und die Trümmergrundstücke und ausgebombten Keller viele Ver-stecke zum Missbrauch boten.

---

84 Vera Möller: Klein Erna. Hamburger Geschichten

Moin Richtige Hamburger grüßen mit einem *Moin! Moin!*, besonders Maulfaule begnügen sich vielleicht sogar mit einem gemurmelten einfachen *Moin!*, wobei es sich um eine allgemeine Grußformel handelt, quasi um einen Gruß-Joker für – und das ist wichtig! – alle Tages- und Nachtzeiten. Falls Sie als Nicht- oder Gerade-eben-Hamburger so einen Gruß einfangen sollten, antworten Sie knapp mit „Moin!", notfalls auch mit „Morg'n!", oder tippen Sie, falls Sie sich damit verkleidet haben, nur kurz mit Zeige- und Mittelfinger an Ihren → *Elbsegler* (Hamburger Schirmmütze), beginnen Sie aber um Himmels willen keine Diskussion über mitteleuropäische Zeitzonen, Tageszeiten oder Ähnliches.

Monarch Ein obdachloser Mann, der von Dorf zu Dorf und von Stadt zu Stadt zog und sich seinen Lebensunterhalt erbettelte oder vielleicht auch geringfügige Tätigkeiten dafür ausübte, wurde als Monarch bezeichnet. Monarch (Alleinherrscher) und Monarch (Landstreicher) sind Homonyme, gleich klingende Wörter mit unterschiedlicher Bedeutung. Die Bezeichnung Monarch für den Landstreicher ist Rotwelsch (Gaunersprache) und als Kontamination entstanden aus jidd. *makor* (Kamerad) und jidd. *nechor* (Fremdling).

Möösch (*Mööschen*). 1. Botan. (getrockneter) Waldmeister. Ein *Mööschenkranz* ist ein Kranz aus Waldmeisterkraut, massenhaft von Straßenhändlern angeboten und wegen seines guten Geruchs gern im Haus aufgehängt od. zum Schutz gegen Motten im Kleiderschrank aufbewahrt. Ein Mööschenkranz, am Hochzeitsmorgen übers Brautbett gehängt, sollte für alle Zeit den Ehekrach verhindern.

2. Brei für kleine Kinder aus Zwieback od. Mehl mit Milch; Kindervers: *Möller mahl mi Mehl, Mudder mutt mi Mööschen maken*. Ein *Mööschenpott* ist der Topf für den Kinderbrei, ein *Mööschenpröver* ein → *krüscher* Mensch, der im Essen herumstochert, und die *Möoschensupp* ein dickflüssiger Kinderbrei. Solche Suppe kam auch als Vanillepuddingsuppe mit Eischneehäubchen auf den Tisch.

Mors (*Moors, Maars*). Der Mors ist der Körperteil in Verlängerung des Rückens, auf dem man sitzt, der als nicht besonders fein gilt und deshalb meist bedeckt ist – es sei denn, er wird einem blankgezogen und mit dem Rohrstock bearbeitet, was zu Zeiten der Prügelpädagogik leider häufiger geschah. Danach eignete er sich vorübergehend nicht einmal mehr zum Sitzen. Dummerweise glaubt jeder welsche Zeitgenosse südlich der Mainlinie, nach einem Blick auf die HH-Nummer jedem Hamburger auf jedem Autobahnrastplatz ein dumm-vertrauliches „Mors! Mors!" entgegenschmettern zu dürfen. *Gaanich um kümmern!* Raa.: *den Moors tokniepen* (sterben); *op 'n Moors fallen* (Schaden erleiden); abweisend: *klei di an 'n Moors!*; verwünschend: *wenn ik den in 'n Moors harr, wörr ik em in den Elv schieten!*; schadenfroh zu jmdm., der sich erbricht: *is recht, schoon dien Moors!*; vergeblich: *kannst di dreihen, as du wullt, de Moors blifft jümmers achtern*. Vgl. *Hummel, Hummel* → *Johann Wilhelm Bentz*

Mors, Mors! Deutlicher kann man den Passanten seinen Allerwertesten nicht entgegenstrecken als dieser Schelm aus Stein am Memelhaus im Neustädter Breiter Gang.

Muckefuck hieß der Ersatzkaffee aus geröstetem Getreide in den Kriegs- und Nachkriegsjahren. „Richtigen" Kaffee, nämlich Bohnenkaffee, gab es nur zu den allerhöchsten Festlichkeiten. Er musste nach 1945 hintenherum beschafft oder auf dem Schwarzmarkt eingetauscht werden. Der Ausdruck *Muckefuck* ist aus dem Rheinisch-Westfälischen zugewandert und setzt sich aus rhein. *Mucken* (verwestes Holz, braune Stauberde) und rhein. *fuck* (faul) zusammen. Die Herkunft vom frz. *mocca faux* (falscher Mokka), wie immer wieder angeführt, ist unwahrscheinlich[85].

mucksch mürrisch, übellaunig, bockig, beleidigt. Verb *muckschen* (schmollen, maulen).

Mudder Griepsch Hierbei handelt es sich ugs. um eine wunderbar anschauliche Berufsbezeichnung für die Hebamme, die früher im Zeitalter der Hausgeburten das Neugeborene „griff" (*griepen* – greifen).

mulschich Wenn das Obst aus dem Garten (grün gepflückt) etwas zu lange auf dem Kleiderschrank nachreifte, war es manchmal außen schön gelb, aber innen bereits braun. Man sprach dann davon, dass es *mulschich* sei; *mulsch, mulschich* (verrottet, matschig, überreif); *de mulsche Appel* (der faule Apfel); *mulschen* (faulen, gären).

---

85 Duden Bd. 7; Kluge S. 572

Musspritze Der Begriff *Musspritze* ist umgangsspr. und nicht typisch hamburgisch. Der Ausdruck bezieht sich nicht auf die Maus (→ *Muus*), sondern auf den Brei *(Mus)*. Gemeint ist der Regenschirm, und zwar der gute, alte Stockschirm, dem mit einiger Fantasie eine entfernte Ähnlichkeit mit der *Musspritze*, dem Spritzbeutel zur Verzierung von Torten und Speisen, nachgesagt werden kann.

Muultrecker „Maulzieher" wurde eine saure Frucht oder Speise genannt, die einem den Mund im wahrsten Sinne des Wortes auseinanderzog.

Muus (Plur. *Müüs*) ist die Maus, nicht zu verwechseln mit *dat Mus* (*Moos;* Brei). Mäuse waren (und sind) die unwillkommenen Mitbewohner auf dem Lande und in Hamburgs Wohnungen, Kellern, Böden, Speichern und Schuppen. Der Gänsemarkt wurde im Volksmund *Müüsmarkt* genannt, und noch vor wenigen Jahren gaben Geschäftsleute dort auf, weil sie der Mäuseplage nicht Herr wurden, zumal die natürlichen Feinde der kleinen Nager sich in der Großstadt nicht mehr entfalten können. Entsprechend häufig taucht die Maus in Redensarten und Komposita auf; *Müüs marken* (Lunte riechen); *markst Müüs?* (hast du es endlich kapiert?); *lütt Müüs hebbt ook Ohren!* (Warnung, wenn kleine Kinder das Gespräch der Erwachsenen mithören); *mit Speck fangt man Müüs; wenn de Müüs satt sünd, smeckt dat Mehl bitter; mit Mann un Muus ünnergahn.*

N

Nachtgeschirr In jeder Wohnung ein Badezimmer und dazu möglichst noch ein Gäste-WC – undenkbar in früherer Zeit! Es war schon gehobener Standard, wenn die Toilette am Treppenabsatz für mehrere Mietparteien untergebracht war, häufiger mussten die Menschen hinunter in den Hof ins Häuschen mit dem Herz in der Tür. Das war nachts im Schlafanzug nicht immer angezeigt, sodass fast jeder ein Nachtgeschirr mit ans Bett nahm, einen Nachttopf od. ugs. → *Pisspott*. Morgens wurde der Inhalt in früheren Jahrhunderten häufig aus dem Fenster auf die ungepflasterte Straße gekippt, was weder der Hygiene noch der guten Nachbarschaft diente.

„Schöne englische Pischpitt!", ruft dieser Hausierer, der nicht nur die besagten Töpfe, sondern auch Kannen und Kummen als Nachtgeschirr anbietet, das unentbehrlich war in einer Zeit, als die Wohnungen keine Badezimmer und die Schlafkammern kein fließend Wasser hatten.

Nachtjargon Sondersprache zwischen Millerntor und Nobistor, auch als *Luden-Abc* bezeichnet. Die Verfremdung
wurde von allen Akteuren im Milieu beherrscht, sollte von
Freiern und Außenstehenden aber nicht unbedingt verstanden werden. Einige Begriffe drangen in die Umgangssprache außerhalb des Kiezes ein, in unser Hamburgisch. Der
Nachtjargon wurde seit den Achtzigerjahren immer weiter
zurückgedrängt, als fremdsprachige Gruppen (Albaner, Türken, Russen) die Vorherrschaft auf St. Pauli übernommen
hatten.[86]

neihen (*neien*). 1. nähen, mit Nadel und Faden zusammen-
fügen; *vun Huus to Huus neihen* (mit kleinen Stichen
nähen), *vun Dörp to Dörp neihen* (mit großen Stichen nähen); *se geiht ut neihen* od. *ut Huus neihen* (als Näherin
stundenweise in fremden Haushalten arbeiten). Abergl.:
Kleidung darf man nicht am Körper nähen, sonst wird der
Träger vergesslich *(de Gedanken ward fastneiht)*. 2. sich
schnell bewegen, rennen, schnell fahren; *de Blitz neiht to
Eer; dat Leven neiht so rasch dorhen* (geht so schnell vorbei); vgl. → *utneihen*. 3. schlagen, prügeln; *dat Peerd neihen* (mit der Peitsche antreiben); *in de Snuut neihen* (eine
runterhauen); *sik neihen laten* (sich missbrauchen lassen).

Nokixel (a.: *Nakieksel*) scherzh. für Wörterbuch, Nachschlagewerk, Lexikon. Bei diesem Ausdruck sträubt sich
ernsthaften Germanisten die Feder, und trotzdem scheint
er in Hamburg weit verbreitet gewesen zu sein, wobei

---

86 Vgl. Siewert: Nachtjargon

der Ursprung dieses Kunstwortes offenbar gar nicht mehr realisiert worden ist. Der ist nämlich recht banal: Man lese *nokixeL* rückwärts, und was kommt heraus? Lexikon! *Vadder sä dor ja nich Lexikon to, he dreih dat Woort eenfach üm, lees dat vun achtern: Nokixel[87].* Es gibt Leute, die eine Pseudo-Erklärung nachschieben, etwa im plattdeutschen Ableger der Wikipedia[88], die sich „Dat friee Nokieksel" nennt: *„Etymologie (woneem dat herkümmt): Dat Woort Nokieksel kümmt vun nokieken (nakieken). Dat meent, dat du dor rinkieken kannst un denn wat plietscher büst."* Nett, aber falsch – wie häufig bei Lexika, die sich die Leser selbst schreiben dürfen.

nüffeln Nasen zum Gruß aneinanderreiben. Die *Nüff* ist eigentlich der Schwinerüssel und wird übertr. als derber Ausdruck für Mund oder Nase des Menschen gebraucht; *ik geev di glieks een op de Nüff* (du bekommst gleich was an die Schnauze). Ein *Nüff-Nüff* ist in der Kindersprache das Schwein. *Nüffeljoochen* bezeichnet einen ungeschickten, eben *nüffeligen* (tollpatschigen) Mann, *Nüffelliese* die entsprechende Frau dazu.

Nusch 1. Ramsch, wertloses Zeug, Abfall; *dat is allerlei Nusch.* 2. Schmutz; *dat maakt soveel Nusch mit dat Holtböten* (Heizen mit Holz). Adj. *nuschelich* (unordentlich, schmuddelig; *in sien Bood süht dat böös nuschelich ut*).

---

87 HWB 3/Sp. 443
88 Wikipedia: freies Internet-Lexikon, das von den Benutzern selbst geschrieben wird

O

Ohnsorg, Richard → Biografie S. 199

Ohnsorg-Theater Keine Institution an Elbe und Alster hat das Hamburgische so weit bis in die letzten Winkel Deutschlands getragen wie das Ohnsorg-Theater. 1902 durch → *Richard Ohnsorg* (1876–1947) als niederdeutsche Bühne unter dem Namen *Dramatische Gesellschaft Hamburg* gegründet, 1906 in *Gesellschaft für dramatische Kunst* und 1920 in *Niederdeutsche Bühne Hamburg* umbenannt, konnte das Theater 1936 das ehemalige *Kleine Lustspielhaus* an den Großen Bleichen beziehen. 1946 erhielt die Bühne den Namen *Richard-Ohnsorg-Theater*. Seit 1954 werden Aufführungen des Ohnsorg-Theaters im deutschen Fernsehen gesendet, allerdings nicht wie im Original auf Platt. Um auch außerhalb des niederdeutschen Sprachraums verstanden zu werden, wird bei den Fernsehaufzeichnungen eine norddeutsch eingefärbte Form des Hochdeutschen gesprochen, nämlich → *Missingsch*. Manch Besucher aus dem Süden, der im Fernsehen (fast) alles verstanden hatte, saß dann in freudiger Erwartung im Zuschauerraum an den Großen Bleichen und verstand nun kein einziges plattdeutsches Wort. Die erste Fernsehsendung erfolgte live am 13. März 1954 mit dem Stück „Seine Majestät Gustav Krause" aus dem Bunker des NWDR am Heiligengeistfeld. Die Fernsehausstrahlungen in den Sechziger- und Siebzigerjahren, die allesamt Straßenfeger waren, machten das damalige Ensemble mit Heidi Kabel, → *Henry Vahl,*

Otto Lüthje, Ernst Grabbe, Hilde Sicks, Werner Riepel, Karl-Heinz Kreienbaum, Heidi Mahler, Erna Raupach-Petersen, Edgar Bessen, Heinz Lanker, Jochen Schenck, Christa Wehling oder Jürgen Pooch bundesweit bekannt. Das Theater will seinen Standort in das Bieberhaus am Hauptbahnhof verlegen.

Ik arme Narr

Das Ohnsorg-Theater führte nicht nur Volksstücke auf, sondern übertrug auch Werke der Klassik ins Plattdeutsche, darunter Goethes „Faust" als „Speel vun Dokter Faust". Das hörte sich so an:

Ik heff Philosophie studeert,
Afkatenkneep[89] un doktern lehrt,
Un, leider!, ook na 'n Gloven preestern,
dat de mi heel den Kopp verbeestern.
Dor stah ik nu, ik arme Narr,
un wüsst geern, wat ik dor vun harr.
Bün nu Magister, Dokter gor,
un gah nu neegsten al teihn Johr
bargop, bargdaal, verdwas un dweer,
mien Schölers üm ehr Nesen her
un seh: An 'n Enn is all uns Weten
lütt beten nix un heel bescheten.

---

89 Advokatenkniffe

Richard Ohnsorg

Der Hamburger Schauspieler, Regisseur, Bibliothekar, Dr. phil., geboren am 3. Mai 1876 und gestorben am 10. Mai 1947 in der Hansestadt, gründete 1902 mit anderen Laiendarstellern eine plattdeutsche Bühne, die 1920 in *Niederdeutsche Bühne* umbenannt wurde. Sie errang große Erfolge und konnte 1936 ein festes Haus an den Großen Bleichen beziehen. Seit 1946 heißt die Bühne → *Ohnsorg-Theater* nach ihrem Begründer und nicht etwa, weil dort *ohne Sorge* Komödien dargeboten werden, wie es außerhalb und sogar innerhalb Hamburgs vielfach angenommen wird.

BIOGRAFIE

Ökelname (*Ökelnaam*) von *ökeln* (schimpfen) bezeichnet einen Spitz- od. Beinamen, mit dem jemand geneckt wird.

olle Kamellen sind altbekannte Geschichten. *Kamelle* ist die ndd. Form von Kamille, *olle Kamellen* sind also Kamillenblüten, die zu lange gelagert worden sind und keine Heilwirkung mehr besitzen. Die Redewendung wurde durch die Erzählungen „Olle Kamellen" (1859 ff.) von Fritz Reuter (1810–1874) allgemein bekannt.

ondulieren heißt nicht nur in Hamburg, sich die Haare mit einer Brennschere wellen zu lassen. Wer in „Wellen" geht, weil er in der Kneipe zu viel → *Köm* konsumiert hat, hat übertr. einen *ondulierten Gang;* von frz. *onduler* (sich wellen).

Oolsch (*Ollsch*) 1. abfällig für eine alte Frau; *'n oles Fischwief.* 2. unabhängig vom Alter (ebenfalls abfällig) für jede Frau, respektlos auch für die eigene Ehefrau; *de verdreihte Oolsch; hest mien Oolsch nich sehn?* Raa.: *ruut mit de Oolsch an de Fröhjohrsluft* (für alles, was aus dem Haus muss); *dor hett de Becker sien Oolsch dörchjagt* (durch das Loch im Brot).

Öös (*Ööster*) Plur. von → *Aas* (Biest)

ophüsern bedeutete, etwas mit einer Winde od. einem Flaschenzug außerhalb des Gebäudes hochzuziehen bis zur Budenluke od. der Luke eines Speichers. Das galt auch für Kohlen und Heizmaterial in den Straßen, in denen die

Häuser wegen des morastigen Untergrundes keine Keller hatten und die Winterfeuerung deshalb auf den Boden gehievt werden musste.

opslaböörsch 1. anspruchsvoll, verschwenderisch; *man nich so opslaböörsch!* 2. aufgedonnert; *dat opslaböörsche Wief.* 3. prahlerisch; wer *hooch ruut* will, benimmt *sik opslaböörsch.*

opsternaatsch (*opstinaatsch*) heißt starrköpfig, widerspenstig, zänkisch; *'n opsternaatschen Kopp hebben* (dickköpfig sein); Schimpfw.: *Se opsternaatschen Flegel, Se!*; bei Tieren: störrisch (*opsternaatschen Hingst*).

Opticker Ein Optiker (mit k) fertigt optische Geräte, vor allem Brillen, aber ein Opticker (mit ck) bedeutet etwas ganz anderes. Ein solcher *Opticker* ist nämlich ein Parkwächter od. Straßenreiniger, der vornehmlich Papier und anderen Abfall mithilfe eines langen, vorn mit einer Metallspitze versehenen Stabes rückenschonend aufpickt, eben *optickt*.

Opundaaldreiher Zu Zeiten, als die Bahnstrecken noch nicht durch Rotlichtanlagen und automatische Halbschranken gesichert waren, musste jede Straße und jeder größere Weg mit Schrankenbäumen gesperrt werden, sobald sich ein Zug näherte. Die Schranken wurden mit Handkurbeln bewegt, und die Schrankenwärter drehten die Bäume in mehreren Schichten, 24 Stunden am Tag und sieben Tage die Woche, rauf und runter, *op un daal* [spr.: do:l] – sie waren im Volksmund die *Opundaaldreiher*, die Hoch-und-runter-Dreher. Ein *Opundaaldisch* ist übrigens ein durch eine Kurbel in der Höhe verstellbarer Couchtisch, wie er wegen der beengten Wohnverhältnisse während der Fünfzigerjahre weit verbreitet war.

Överpedder „Übertreter". 1. Beim *Marmelspiel (→ Marmel)* konnte man übertreten, wenn man sich zu weit vorbeugte, aber 2. auch beim Rundtanz kann man linksherum tanzen und falsch über die Beine treten; *Grootmudder weer bi 'n linksen Överpedder gegen 'n Pieler zackerneiht* (Großmutter war beim linksherum getanzten Walzer gegen einen Pfeiler geknallt).

överspöönsch bedeutet eigentlich „schrägfaserig" bei schlecht zu verarbeitendem Holz, dessen Maserung quer verläuft, übertr. jedoch überspannt, sonderbar, wirklichkeitsfremd od. verschroben; *so 'n överspöönschen Kram; sien Fro harr dat bannig mit dat Överspöönsche.*

Rechts: Rauf und runter, op und daal – der Schrankenwärter leistete früher schwere Hand- und Armarbeit, um die Schrankenbäume alle paar Minuten zu bewegen.

Nicht schön, aber laut! Straßenmusikanten und Pankokenkapellen zogen durch Hamburg oder spielten, wie hier 1850, zum Maitanz auf, um sich ein paar Penns oder Schillinge zusammenzublasen.

P

P vör setten Wer jmdm. ein P vorsetzt, vereitelt etwas, hindert ihn an einem Vorhaben; *wenn wi di dor man keen P vör schrievt!* Wahrscheinlich stammt der Ausdruck von dem Brauch, früher an die Tür von Pocken- od. Pestkranken zur Warnung ein großes P zu schreiben; *dor en P vör setten* könnte auch auf den p-förmigen Bügel eines Vorhängeschlosses hinweisen, das den Zugang zu Haus und Hof versperrt.

palen Erbsen od. Bohnen aus der Schote lösen. Wer als Kind einmal *Erbsen palen* musste, wobei sich das Gefäß mit den Erbsen scheinbar überhaupt nicht füllte, während der Haufen der leeren Schoten immer größer wurde, weiß, warum er heute im Supermarkt Erbsen nur noch in Dosen kauft.

Pankokenkapelle Obwohl die Trupps, die aus drei oder vier Musikern mit Melonen (schwarzen Hüten) auf dem Kopf bestanden und die bis in die Fünfzigerjahre auf behördlich genehmigten Wegen durch die Ortsteile zogen, teilweise Töne produziert haben sollen, die platt waren wie ein *Pannkoken* (Pfannkuchen), geht diese Bezeichnung nicht auf die Mehlspeise zurück, sondern auf *Leberecht Pankoken*, den Sohn eines Klarinettenspielers aus Krempe, der in der Mitte des 19. Jahrhunderts in Hamburg eine solche Gruppe zusammenbrachte. Sie bestand aus Direktor Pankoken (Schalmei), dem Geigenspieler Krukenberg (Bogen fettig, Saiten aus Bindfäden), dem Posaunisten Klüten (meist unpässlich) und einem Herrn Stint mit seiner

Klarinette, die stets verstopft war, obwohl er eifrig die Backen aufblies und rüstig die Finger bewegte. Seitdem spricht man von *Pankoken-Musik*. In Altona nannte man derartige Akteure *Schneegänse* nach dem Straßenmusikanten Anton Schneegans.

Pansenklopper Unter *Pansen* dürfen wir hier nicht den Kuhmagen verstehen, sondern die ungegerbten, bestialisch stinkenden Häute argentinischer Rinder od. Rösser, die in den Vorschiffen aus Südamerika über den Ozean transportiert worden waren, dick mit Salz bestreut, um sie vor der Verwesung zu bewahren. Das Salz musste im Hamburger Hafen auf dem Kai wieder herausgeklopft, die Felle zu → *Talljen* (mit Zählstrichen notierte Zahl) à 25 Stück gebündelt werden – eine gefürchtete, vom Milzbrand bedrohte und vom Kadavergeruch umwehte Arbeit, um die sich die → *Schauerleute* (Hafenarbeiter) trotz des → *Schietgeldes* (Schmutzzulage) gern drückten, wenn der Ruf ertönte: *veer Mann to 'n Pansenkloppen!*

Pantinen nordd. für Holzschuhe od. Holzpantoffeln. Vgl. → *Tüffeln*

Papagooj (*Papagoy*) ist der Papagei. Dieser exotische und meist bunte Vogel war in einer Hafenstadt wie Hamburg seit Jahrhunderten bekannt. Der Flurname *Pagojenberg* deutet darauf hin, dass hier früher von den Schützengilden mit Armbrüsten auf einen hölzernen Vogel auf der Stange *(Papagojenboom)* um die Königswürde geschossen worden ist. Solche Schützenfeste hießen später

Vogelschießen. In Harburg gibt es immer noch ein weithin bekanntes Schützenfest für Erwachse, in den holsteinischen Dörfern des Umlandes entwickelten sich daraus im 19. Jh. Kinder- und Schulfeste. Im Kreis Stormarn hat bis heute nicht nur jede Gemeinde, sondern fast jeder Ortsteil sein eigenes Vogelschießen. In der Kreisstadt Bad Oldesloe schießen die älteren Schüler immer noch mit der Armbrust auf einen bunten Holzpapagei, die Jungen freihändig, die Mädchen mit Auflage.

Paraplü (*Regendack*) hieß der Regenschirm. Ein großer Schirm, der mehrere Spaziergänger schützen konnte, war ein *Familienparaplü*. Der Schirm wurde damals mit Baumwolle od. mit Aalhaut bespannt, deshalb nannte man ihn auch *boomwollene Minna* od. *Aaldack*. Ra.: *jümmers knickt se tosamen as 'n Paraplü* od. die scharfsinnige Erkenntnis: *nix is 'n Paraplü ahn Övertog*[90]; frz. *parapluie*, aus griech. *pará* (gegen) und frz. *pluie* (Regen). Damen der Gesellschaft gingen früher nicht in die glücklicherweise noch gar nicht erfundenen Sonnenstudios, im Gegenteil, sie schützten ihren vornehmen blassen Teint, etwa beim Flanieren auf dem → *Jungfernstieg* (Reesendamm), mit einem *Parasol*, einem Sonnenschirm. Es gab eine Fülle von Straßenverkäufern, die ihre Ware laut schreiend anpriesen, darunter auch der Paraplü-Verkäufer: *Paraplü, Parasol, koop!*

---

90 Bespannung

„Ausruf": Paraplü, Parasol koop!
Original-Begleittext: Diese Beschützer
der Kleider und der Haut sind aus
Frankreich zu uns gekommen, und
nach dem siebenjährigen Kriege, als
so mancher französische Soldat
sich in Deutschland häuslich
niederließ, und auf
mancherley Art nährte,
in unsern Gegenden
allgemeiner geworden.

Parasol (Sonnenschirm) → *Paraplü*

Passlatant (Subst.) Zeitvertreib, Nebensache, Nichtstuer, Tourist; *de Arbeit weer hüüt Passlatant; wat is dat för 'n Leven – an de Brügg herumtolungern un na Passlatan-ten utkieken* (nach Touristen Ausschau halten). Der Aus-druck kommt in der Bedeutung „nur so", „nur aus Lan-geweile" von frz. *passer le temps* (die Zeit totschlagen).

Pastor (*Paster*). Ein *Pastor* hat im Verständnis der Ham-burger evangelisch zu sein, ein katholischer Seelenhirte ist demgegenüber ein → *Pfarrer*, egal, wie er sich selbst bezeichnet. Eine solche konfessionelle Ungenauigkeit in einem Abendblatt-Text brachte die Leser in Aufruhr, die Serie „Sprechen Sie Hamburgisch?" im Dezember 2008 ins Rollen und dieses Buch auf den Weg. Die Frage Pastor oder Pfarrer ist für die Geistlichen der Nordelbischen Evangelisch-Lutherischen Kirche, der die meisten Christen in Hamburg und Schleswig-Holstein angehören, leicht zu beantworten. In der Nordelbischen Verfassung werden in Artikel 20 *Pastoren* und *Pastorinnen* genannt. Die Pastoren an den Hauptkirchen der fünf Hamburger Kirchspiele heißen *Hauptpastoren*; *na 'n Paster gahn* (in die Kirche gehen; Konfirmandenunterricht haben); *vör 'n Paster stahn wüllen* (heiraten wollen); lat. *pastor* (Hirte).

Pastüür ist 1. ein freches Mädchen od. eine hässliche, unausstehliche Frau; *du ole Pastüür!* 2. Gestell, Figur; *ehr Pastüür is ja to 'n Breken*. Aus frz. *posture* (Stellung, Körperhaltung).

patuh (*partu, pattu, petuh*). Das Adv. *patuh* zur Verstärkung einer Aussage bedeutet unbedingt, durchaus, absolut und kommt vom frz. *partout* (überall). Es gehörte urspr. nicht zum Hamburgischen, ist inzwischen aber „eingewandert": „Die Deern will *patuh* ihr Kleid nicht anziehen!" In Flensburg und ganz vereinzelt in Hamburg kennt man die *Petuhtanten*, ältere Damen und Witwen mit einem Partoutbillet (Überall-Fahrschein), die keinerlei andere Verpflichtungen haben als die Verabredung zum Kaffeeklatsch, zu Kaffeefahrten und Dampferausflügen.

BIOGRAFIE

Dirks Paulun

Niemand konnte das Hamburger → *Missingsch*, diese Umgangssprache, die herauskommt, wenn ein Plattdeutscher Hochdeutsch sprechen will (oder umgekehrt), so treffend schreiben und beschreiben wie der Schriftsteller *Dirks Paulun* (1903–1976). Er galt als „Missingsch-Professor" des Hamburger Abendblatts und war Boss des literarischen Kabaretts „Die Wendeltreppe". „Is doch gediegen" heißt der Titel eines seiner Bücher, „Hömmazuh" (Hör mal zu) der eines anderen. An ihn wird seit 1984 mit einem Straßennamen erinnert, mit dem Blankeneser Dirks-Paulun-Weg.

pedden heißt treten. 1. Schritte machen, gehen, laufen; *vun een Foot op 'n annern pedden* (ungeduldig warten); *över 'n groten Onkel pedden* (o-beinig gehen); *kort pedden* (hinken). 2. jmdm. einen Tritt versetzen; *in 'n Mors pedden*.

Peek (Plur. *Peken*). Die *Peek* ist eine Pike, urspr. ein Spieß, eine Stoßwaffe, jetzt 1. eine Stange mit eiserner Spitze od. einem Haken an einer Seite zum Abstoßen, Heranholen und Vorwärtsbewegen von Schiffen (*staken*, → *peken*), 2. ein Stock zum Abstoßen beim Schlittenfahren (→ *Kreek*), 3. ein Spieß zum Aufhängen der Fische im Räucherofen od. 4. die Stange der → *Fletenkieker*, mit der sie den Modder nach etwas Brauchbarem durchsuchten. Erw.: Ein *Peekhaken* war ein *Füürhaken* zum Schüren der Glut.

peken ist *staken* od. stochern, ein Wasserfahrzeug mit einer → *Peek* bewegen bzw. sich beim Schlittenfahren abstoßen.

Pennschieter Eine wörtliche Übersetzung dieses Ausdrucks verbietet sich, aber im übertragenen Sinne handelt es sich beim *Pennschieter* um einen Geizhals, Geizkragen oder Kleinigkeitskrämer, eben um jemanden, der genau auf jeden *Penn* (Pfennig, Geldstück von geringem Wert) schaut. Es soll Pennschieters gegeben haben, die die Zündhölzer der Länge nach spalteten oder die das Abendblatt nach dem Lesen in handliche Stücke teilten, wobei wir den Zweck dieser Endverwertung ebenfalls nicht näher erörtern wollen. Ra.: *de Pennschieter kann*

sik bannig slecht vun de Groschens losrieten. Der
späterer Bürgermeister *Herbert Weichmann* (1896–1983)
galt während seiner Zeit als Finanzsenator (1957–1965)
wegen seiner sparsamen Haushaltsführung ebenfalls
als Pennschieter, wobei bei dieser Einschätzung zu
längst vergangenen Zeiten ausgeglichener Haushalte
eine gehörige Portion Respekt mitschwang. Syn., noch
drastischer: *Pennkacker.*

Persepter kommt vom lat. *praeceptor* (Lehrer, Erzieher)
und bezeichnet nach einigen Quellen einen Dorfschul-
meister[91], nach anderen jedoch *is dat 'n Schoolmeester
vun de högere School* (Gymnasium) – *vun öllers her
weern dat de Schoolmeesters, de Latiensch un Greeksch
bipuult harrn. Hüütvandag warrn all de Schoolmeesters
op de högere School Persepter naamt*[92]*.* Vgl. → *Schoolmeester*

pesen schnell laufen, rennen; *de is bannig peest!*

Peterwagen Die Hamburger Bezeichnung „Peterwagen"
führt uns, einer Anekdote zufolge, in die britische Be-
satzungszeit nach dem Zweiten Weltkrieg. Ein englischer
Kontrolloffizier sollte im Herbst 1946 die ersten fünf als
„Radiowagen" bezeichneten Funkstreifenwagen für Hamburg genehmigen, verstand aber die vom Polizeibeauf-
tragten der Hansestadt benutzte Übersetzung *Patrolcar*
nicht und ließ sich den Ausdruck buchstabieren. „Listen,

---

91 HWB 3/Sp.755
92 Wikipedia: Dat friee Nokieksel

Sir, P like Peter…", versuchte es der Deutsche. „Oh, I know, *Peterwagen!*", rief der Offizier und unterschrieb die Genehmigung.

Pfarrer Ein *Pfarrer* ist ein Geistlicher, der einer Gemeinde (Pfarrei) einer christlichen Kirche vorsteht, und ein Pfarrer kann im Prinzip evangelisch od. katholisch sein. Aber in der Hamburger Umgangssprache hat sich eingebürgert, den evangelischen Seelenhirten → *Pastor* und den katholischen Pfarrer zu nennen, selbst wenn er sich selbst nicht immer an diese Unterscheidung hält. Ein Leser schrieb: „Und konfirmiert wurde ich selbstverständlich von unserem Pastor. Der Pfarrer war ein katholischer Geistlicher irgendwo in Oberbayern."

Pharisäer Ein *Pharisäer* ist ein an der gesamten norddeutschen Küste verbreiteter Kaffeepunsch, der auch in Hamburg nach folgendem Rezept zubereitet wird: Sahne mit Zucker und etwas Vanillezucker sehr steif schlagen, kühl stellen, dann in einen Kaffeebecher einen Teelöffel Zucker geben, mit warmem Rum aufgießen, den heißen, starken Kaffee darüber verteilen und gut umrühren, bis der Zucker gelöst ist. Zuletzt wird das Getränk mit einer dicken Sahnehaube garniert und sofort serviert. Warum nennt man eine solche Kreation aber Pharisäer? Fast jeder Ort der Nordseeregion reklamiert für sich folgende Geschichte: Der Dorfpastor hatte wieder einmal gegen den übermäßigen Alkoholkonsum seiner Schäfchen gewettert und stattdessen den Genuss von Kaffee und Kuchen bei Geselligkeiten empfohlen. Die Bauern versteckten den Rum deshalb unter der Sahnehaube der Kaffeetasse. Als der Pastor das merkte, schimpfte er: „Oh, ihr Pharisäer!"

Piek bedeutet auch Hass od. Groll; *'n bannigen Piek op wat hebben.*

Piepmantjes sind 1. Knallkörper aus Schwarzpulver. Vor allem werden damit zu Matten zusammengeflochtene Kleinbatterien verstanden, die, wenn die gemeinsame Lunte abbrannte, Stück für Stück explodierten. Es war dann eher ein Knattern als ein Knallen zu hören. Manchem älteren Leser leuchteten bei diesem Begriff die Augen, und das Abendblatt bekam einige Hinweise zum Selbstbau, zum Beispiel mit Unkraut-Ex und Löschpapier. Wir wollen diese Rezepte aus Sorge um die Gesundheit der Enkel hier nicht weitergeben. Und einige Leser wissen noch, dass man ganz früher in den Spielzeugläden eine passende „Kanone" kaufen konnte, kaum länger als eine Streichholzschachtel. Die zu Matten zusammengebundenen Piepmantjes wurden aufgepult und einzeln mit dem Rest der Zündschnur nach außen in das Mini-Kanonenrohr gesteckt. Die zündete man an, und der Piepmantje verließ die Kanone mit einem leichten Knall. Mit einer Matte konnte man rund 100 Mal laden. 2. Teilweise werden auch Läuse oder Kanarienvögel *Piepmantjes* genannt.

pieren bezeichnet peinigen, Pein bereiten, wehtun.
Vgl. → *piesacken*

piesacken Das nordd. Verb *piesacken* (jmdn. unaufhörlich quälen od. peinigen) hat sich bis in den Süden ausgebreitet. Der Begriff geht auf den Ochsenziemer *(Ossenpessek)* zurück, der urspr. aus der widerstandsfähigen Haut und der Sehne des Ochsenpenis *(peserik)* geflochten wurde. Das deutet darauf hin, dass es seinerzeit nicht beim Piesacken nur mit Worten geblieben ist.

pieseln 1. in feinen Tropfen, aber ausdauernd regnen, nieseln. Vgl. → *pladdern*. 2. seem. Schnaps trinken.

Pilepogg (Plur. *Pilepoggen*). Ein *Piel* od. *Pilepogg* ist die Kaulquappe, die geschwänzte Froschlarve. In einigen Familien wurde dieser Ausdruck auch übertr. für die Sago-Körner verwendet, die wie Froschlaich in der Suppe schwammen.

pissen Ein wenig sträubt sich dem Autor die Feder, doch ganz zurückhaltend sei erklärt, dass mit diesem Wort ugs. die Tätigkeit gemeint ist, die der Arzt als Wasser lassen od. urinieren bezeichnet. Die alten Hamburger waren direkter. Schon Richey[93] gebrauchte 1755 das Wort (*eenen goden Pool[94] pissen: in ziemlicher Menge Wasser lassen*). Später: *enen an 'n Wogen pissen* (jmdn. beleidigen); *se kackt un pisst in een Pott* (sie lacht und weint zugleich); *he pisst op 'n Sneeball un fritt em vör Dost wedder op* (der Geizhals); *wat een weent, dat pisst he nich* (oben statt unten). Erw.: Ein *Pisslappen* ist die Windel, eine *Piss-*

---

93 Richey: Idioticon S. 190
94 Pfuhl, Sumpf

mieger die Ameise (wegen der scharfen Ausscheidung), und unangenehm *pisswarm* schmeckt das abgestandene Bier im Glas. Vgl. → *Pisspott*

Pisspott (Plur. *Pisspött*) ist der Nachttopf od. das → *Nachtgeschirr*, ein Gefäß, in das man nachts am Bett seine Notdurft verrichten konnte. Die Hamburger nannten ihre Stadt wegen des vielen Regens auch *uns Herrgott sien Pisspott*. Eine baufällige Hütte wird ebenfalls als *Pisspott* bezeichnet. In so einem Verschlag hausten der Fischer und seine Frau, bis er eines Tages einen sprechenden Butt an Land zog, der ihm, weil er ihn leben ließ, jeden Wunsch erfüllte. Doch seine Frau, die Ilsebill, will nicht so, wie er wohl will. Immer unverschämter wurde ihr Verlangen – nach einem Schloss, Königreich, der Kaiser- und Papstwürde, bis sie ihre Hybris überspannte und alles verlor. Verzweifelt rief der Fischer den Butt: *Na, wat will se denn?, sä de Butt. – Ach, sä de Fischer, se will warrn as de leve Gott. – Gah man hen, sä de Butt, se sitt al wedder in 'n Pisspott!* Mit diesem Märchen „Von dem Fischer un siener Fro" machten die Brüder Grimm den Ausdruck *Pisspott* deutschlandweit bekannt und zitierbar.

pladdern bedeutet stark regnen, mit klatschendem Geräusch herabströmen*; de Regen pladdert.* Eine Leserin schrieb: „Was ich am Plattdeutschen so mag, ist seine Anschaulichkeit, z.B. *pladdern* für kräftig regnen. Man hört geradezu, wie die Tropfen auf die Straße klatschen. Ähnlich bei einem anderen Wort für regnen: *dröppeln.*

Damit ist leise tropfender Regen gemeint, und ich finde, es klingt geradezu nach einzelnen Tropfen." Auch → *pieseln* muss in diesem Zusammenhang erwähnt werden. Beim Pieseln regnet es in feinen Tropfen – es *nieselt*, es herrscht also das typische hamburgische *Schmuddelwetter*.

plätten Auf Hochdeutsch *bügeln* wir mit dem Bügeleisen, auf Platt *plätten* wir mit dem *Plätteisen*, abgeleitet von *platt* und dem mnd. *pletten* für „platt machen" oder „glatt machen". War zu Großmutters Zeiten schon ein Waschtag eine Tortur für alle Beteiligten, so ging, nachdem die Wäsche endlich sauber, trocken, gestreckt und zusammengelegt war, die Mühe mit dem *Plätten* weiter. Elektrische Bügeleisen mit Teflonsohle, Dampfdüsen und Vorwahltemperatur existierten damals noch nicht. Entweder wurden eiserne Plätteisen auf der Herdplatte erhitzt, oder es gab als Höhepunkt des Komforts ein Ungetüm, das mit Holzkohle befeuert wurde und oft zur Quelle häuslicher Katastrophen geriet. Die Wäsche musste vorher *besprenkelt* oder durch ein feuchtes Leinentuch (*Plätttuch*) geschützt werden.

Schwer, schmutzig, heiß, zu heiß oder nicht heiß genug – das Bügeln mit so einem Holzkohle-Plätteisen war eine wahre Tortur für Großmütter, Tanten und Hausmädchen.

Plie 1. Verstand, Pfiffigkeit; *ik bün ook 'n Kerl, wo Verstand un Plie in hört; dor heff ik keen Plie vun* (davon verstehe ich nichts); 2. Lebensart, Aussehen; *keen Plie hebben; so hett dat doch Plie!* Aus frz. *pli* (Falte, Kniff).

plietsch 1. schlau, aufgeweckt; *'n plietsche Deern; wat plietsch hebben* (etw. durchschauen). 2. pfiffig, geschickt, findig; *plietsch mutt man sien; he is so klook as 'n Minsch un so plietsch as 'n Swien.*

Plöör Dünnen Kaffee od. gepanschte Getränke lehnte man als Plöör ab (*Plörr* – verwässertes Getränk ohne Geschmack; wässrige Suppe; auch zu dünn angerührte Farbe).

Plünnen ist die Bezeichnung für Lumpen. Häufig wurde auch die Kleidung flapsig *Plünnen* genannt (heute würde man „Klamotten" sagen). Wenn die Kinder sich mal wieder zu viel Zeit beim Anziehen ließen, hieß es: „Nun sieh zu, dass du in die *Plünnen* kommst!" Der Lumpensammler hatte die Bezeichnung *Plünnenhöker*, der mit Sack und Handwagen durch die Straßen zog und seine Lumpen im *Plünnenkeller* od. auf dem *Plünnenböön* (Lumpenboden) sortierte und häufig auch gleich dort schlief. Drohung: *nu kannst dien Knaken[95] man tosamensöken un förn Sössen[96] an 'n Plünnenhöker verhanneln.* Ausruf: *Plünnen un Knaken, wer hett hier noch ole Saken? Plünnen un Knaken, ole Buddels, oles Isen!*

---

95 Knochen
96 Sechser

Plünnen un Lüüs Scherzn. für ein Gericht aus Weißkohl mit Kümmel und Hammelfleisch.

Plünnkreuzer Spottn. für das Faltboot, das Boot des kleinen Mannes in den Nachkriegsjahren. Die Holzkonstruktion war zerlegbar und musste nach dem Zusammenbau mit einer Stoffhaut (spött. → *Plünnen*) überzogen werden. An Wochenenden waren Tausende von „Süßwassermatrosen" auf Hamburgs Wasserwegen unterwegs.

Plüschmors Wenn die Hummel in die Blüte taucht, um Nektar zu saugen, und dem Betrachter ihr breites, weiches, kurz behaartes Hinterteil darbietet, wie sollte man sie dann wohl anders nennen als *Plüschmors?*

pökeln (ndd. *pekeln*) bedeutet: Fleisch od. Fisch in Salzlake einlegen und haltbar machen, vor der Zeit der Tiefkühltechnik eine unverzichtbare Methode zur Konservierung in der Seefahrt od. nach der Hausschlachtung, und auch beim → *Schlachter* schmeckt gepökeltes Fleisch bis heute teilweise besser und kräftiger. → *Labskaus* besteht bekanntlich vorwiegend aus Kartoffeln und Pökelfleisch; *Pekelfleesch mutt erst in Water liggen, ehr dat smeckt.* Erw.: *Pekelfatt* (Fass, in dem Fleisch od. Fisch eingepökelt wird).

Politikus Wenn Mutter die Suppe aus dem Kochtopf od. der Suppenschüssel auf die Teller füllte, nahm sie hierzu einen großen Suppenlöffel, der *Politikus* genannt wurde. In der Hauptbedeutung ist ein Politikus eine politisch handelnde Person. Im übertragenen Sinne wird (deshalb?) ein schlauer, gerissener Mensch so genannt, später auch ein geschickter Handwerker, was sich auf dessen Arbeit, aber ebenso auf dessen Rechnung beziehen kann. Die Verbindung zwischen Politiker und Schöpflöffel lässt folgende Redewendung erahnen: *he is 'n Politikus, wor de Buur de Grütt mit umröhrt.*

Pompesel (*Pumpesel*) Fruchtstand der Schilfplanze. Der braune Rohrkolben übte eine große Anziehungskraft auf spielende Kinder aus. Meist diente er als Ersatz für die Friedenspfeife beim Indianerspielen (→ *Indje*). Syn.: *Pumppösel*, *Peselbloom*, *Lampenputzer*, *Brummpesel*, *Pumpelbesen*, *Kattküül* und vor allem → *Bullenpesel.*

Portemonottje für Portemonnaie, für die Geldbörse, die ja eine wichtige Rolle im Alltag eines jeden Menschen spielt, aber trotzdem od. gerade deshalb von den Hamburgern vielfach scherzh. umschrieben wird: *Pottjuuchee*, *Portmonee* (klingt nach misslungener Rechtschreibreform), *Pottmonee*, *Puttmanutt*, *Puttjemanee*, *Puttjemaneetje; denn weer Ebb in 't Portmonee;* von frz. *portemonnaie.*

Der Pompesel, der Schilfrohrkolben, lädt ein, ihn vielseitig zu nutzen, vom Lampenputzer bis zur Friedenpfeife beim Indianerspiel.

Priem Ein mundgerechtes Stück Kautabak (→ *Priemtoback*): *'n Priem achter de* → *Kusen schuven*. Vgl. → *Prüntje*

Priemtoback Kautabak, ein dünner Strang aus zerkleinerten, gepressten und mit Pflaumensaft getränkten Tabakblättern, von dem jeweils ein mundgerechtes Stück, ein sogenannter → *Priem*, abgebissen wird.

prünen Das Verb *prünen* (nähen, stopfen, herumpusseln) steht für mangelhaftes Nähen.

Prüntje Ein *Prüntje* ist eine kleine Menge (*'n Prüntje Kaffe*) od. ein mundgerechtes Stück Kautabak (→ *Priem*). Abgeleitet davon sind *Prüntjebüdel* (Umstandskrämer) oder *Prüntjekram* (Kleinkram) und recht anschaulich *Prüntjesaft* (Tabaksaft im Speichel: *he spee mi sien Prüntjesaft vör de Fööt*).

Prüntjeboden (*Prüntjeböön*) nannte man die billigen, nicht nummerierten Plätze mit harten, schmalen Holzbänken auf der Galerie eines Theaters, etwa den 2. Rang im Ernst-Drucker-Theater (ab 1941: → *St.-Pauli-Theater*). In Anspielung darauf wurde ab und zu auch die ähnlich unbequeme Kirchenempore so bezeichnet. → *Prüntje*

Puff 1. Kein bisheriges Hamburg-Lexikon führt diesen Begriff auf, was jedoch nicht darüber hinwegtäuschen kann, dass er in einer Stadt, in der St. Pauli liegt, ugs. weit verbreitet ist. Wer sagt schon Bordell? Urspr. war *Puff* die lautmalerische Bezeichnung für ein Brettspiel mit Würfeln (*Tricktrack*), mit dem sich gewisse Damen an gewissen Orten die Wartezeit vertrieben haben mögen. Wenn ein Kavalier also „zum Puff ging", verhüllte diese Aussage, dass das Würfeln nun wahrlich nicht das Wesentliche seines Besuchs sein sollte. *Puff* ist auch 2. der Stoß od. 3. der dumpfe Knall od. das puffende Geräusch (vgl. → *Kartoffelpuffer*) bzw. 4. ein Behälter, etwa der *Wäschepuff* zum Sammeln der schmutzigen Wäsche. Erw.: *Puffbohne* (Saubohne); vgl. → *Puffärmel*

Puffärmel (*Puff´ermel*) hat weniger mit dem Puff zu tun, denn dort ist eher nackte Haut angesagt, als mit der *Pufferform*, die eine entfernte Ähnlichkeit mit dem am Oberarm gebauschten und gerafften Ärmel erkennen lässt.

Puffer ist ein Napfkuchen aus Hefeteich mit einem Loch in der Mitte, etwa das, was die Leute ganz tief im Süden der Republik, aber um Himmels willen nicht in Hamburg!, Gugelhupf nennen. Der runde, hohe Kuchen wird in einer konischen, außen gewellten und in der Mitte mit einem Rohr versehenen *Pufferform* aus Blech gebacken. Wurde der Kuchen mit Brotresten zubereitet und im Wasserbad gegart, handelte es sich um einen → *Großen Hans*.

Puhahn (Polier) Scherzn. für den Vorarbeiter bei Maurern und Zimmerleuten auf dem Bau od. auf der Werft

Puschen heißt die nordd. Kurzform für *Pampuschen,* was so viel wie weiche *Filzpantoffeln* od. *Hausschuhe* bedeutet. Ganz Deutschland kennt die Ausdrücke *Pantoffelheld* oder „unter dem Pantoffel stehen", die geradezu nach der Emanzipation des Mannes im häuslichen Bereich verlangen. In Hamburg sagt man: „Komm endlich in die *Puschen!",* wenn sich jemand beeilen soll. Als in den Fünfzigerjahren die ersten flimmernden Fernsehgeräte in den Wohnzimmern auftauchten und Mama und Papa es sich auf dem Sofa mit Bier, Knabberzeug und Puschen gemütlich machten, nannte man das Fernsehgerät spöttisch *Puschenkino.*

Pütt un Pann Der Ausdruck *Pütt un Pann* bezeichnet nicht nur die Töpfe und Pfannen, sondern umfasst formelhaft das Küchengeschirr od. sogar den gesamten Hausrat; *dat is nich Putt noch Pann* („eine armsälige Haushaltung"[97]); *mit Pütt un Pann* (mit der gesamten Habe).

Püttenkieker ist der Topfgucker und umschreibt 1. einen allzu häuslichen Mann od. 2. einen Neugierigen, der sich in alles einmischt und der nicht abwarten kann, den Deckel zu heben.

Puttfarken „Schmutzferkel". 1. Schwein, das im Dreck wühlt, od. 2. Kind, das im Matsch spielt. Als Familienname ist *Puttfarken* weit verbreitet.

Püttjer[1] (*Püttscher, Pöttjer*) lautet die Bezeichnung für einen Töpfer od. Ofensetzer, in Hamburg seit 1615 in einem eigenen Amt organisiert. Irgendwie scheint dieses Handwerk nicht allzu beliebt gewesen zu sein, wenn vom *smerigen Püttjer* die Rede ist; spött.: *dor liggt wi all dörteihn, sä de Püttjer, dor full he mit twölf Pütt vun 'n Böön.*

---

97 Richey: Idioticon S.196

Püttjer² (*Püttscher*). Ein *Püttjer* kann 1. ein Umstandskrämer od. Pedant sein bzw. 2. ein Tüftler od. Bastler. Spottn.: ein *Püttjerbüdel* ist jmd., der sich mit Kleinigkeiten aufhält und nie zu Rande kommt; von → *püttjern*.

püttjern (*püttschern*) für 1. töpfern. 2. sich mit unwichtigen Arbeiten beschäftigen. 3. basteln. 4. pfuschen; *trechtpüttjern*. 5. Flüssigkeiten verschütten. „Püttschert nicht so rum!", rief die Mutter, als die Kinder beim Abwaschen die Küche unter Wasser setzten. Um die Liste voll zu machen, sei noch erwähnt: 6. flache Steine über die Wasseroberfläche hüpfen lassen. 7. von Eisscholle zu Eisscholle springen[98].

Der Teller hängt draußen, der Putzbüdel ist dienstbereit. Haare schneiden war für uns Kinder spätestens alle 14 Tage angesagt, und manche Männer gingen täglich zum Rasieren, selbst wenn der Bart gar nicht spross, nur um in der verqualmten Barbierstube kräftig zu rauchen, Zeitung und Mappen zu lesen, zu reden, zu dröhnen, klooksnacken und grundsätzlich alles besser zu wissen. Beim Putzbüdel sprach Volkes Stimme.

---

98 HWB 3/Sp. 900

Pütz seem. für den Eimer, der zum Wasserschöpfen an einem Tau über die Bordwand hinabgelassen wird, ugs. auch an Land gebraucht; *'n Pütz Water* (ein Eimer Wasser).

Putzbüdel ist ein leicht abfällig gebrauchter Begriff für den → *Barbier* (Friseur; wörtlich: Putzbeutel), den die Vertreter dieses Handwerks gar nicht so gern hörten; *ik mutt al wedder na 'n Putzbüdel* hieß, es sei wieder Zeit zum Haareschneiden od. Rasieren. Die Barbierstuben waren von außen durch einen am Stock aufgehängten glänzenden Metallteller zu erkennen, der die Dienstbereitschaft des Putzbüdels signalisierte. Vor allem deutete der Teller, auf dem der Rasierschaum geschlagen wurde, darauf hin, dass viele Männer sich beim Barbier zur Morgenrasur einfanden, um sich mit am Lederriemen geschärftem Messer rasieren und einen eventuell vorhandenen Bart *putzen* (nachschneiden, sauber machen) zu lassen. Deshalb sprach man auch vom *Babutz, Bartschraper* oder *Snutenfeger*. Die Friseurstuben, in denen übrigens kräftig geraucht wurde, waren Orte zum Austausch von lokalen Neuigkeiten, zum Diskutieren und nicht selten auch zum Politisieren.

Puuch Wurde es abends mal sehr spät, lag man am nächsten Tag bis mittags *in de Puuch* (im Bett). *Puuch* (Bett, Bettdecke, Schlafstatt); *de Deern is nich ut de Puuch to kriegen; sik in de Puuch haun* (schlafen gehen). Fast jeder Hamburger kennt die Zeile aus → *Hein Köllischs* „Pingsttour": *Un denn geihts mit Gejuuch – rin in de Puuch.*

püük Das Adj. *püük* hat eine Reihe von Bedeutungen: hübsch, prächtig, vornehm, ordentlich, fein, gut, freundlich, schlau, geschickt; *dor weer dat aver püük* (besonders sauber).

püüstern blasen, heftig wehen, durch Blasen ein Feuer anfachen; *he heel glieks Holt un füng an to püüstern* (begann das Feuer anzublasen); *de Oostenwind püüster för dull* (der Ostwind blies heftig). Ein *Püüster* ist ein Blasebalg, ein Gerät, aus dem man zum Anfachen der Glut Luft herauspumpen kann, ein zu Zeiten der Ofenheizung unverzichtbares Hilfsmittel. Es sah damals übrigens nicht viel anders aus als die Blasebälge, die man heute als Zubehör für den Kamin od. den Gartengrill im Baumarkt kaufen kann.

Puustpogg (Frosch, Kröte) → *Üüts*

Blasebälge, hamburgisch Püüster geheißen, sind keine Erfindung für die Grillparty-Saison im Garten, sondern wurden seinerzeit dringend benötigt, um Glut und Feuer in den Öfen und Herden anzufachen.

Q

Quark 1. Weichkäse, weiß und breiig, der von uns Kindern nicht sonderlich geliebt wurde (Mutter vermischte ihn mit Schnittlauchröllchen, um die Akzeptanz zu erhöhen); *utsehn wie Köm un Quark* (blass sein). 2. übertr. Unsinn, dummes Zeug; *all neeslang kaamt ji mi mit so 'n Quark!* 3. Ärger, Streit; *dat hett 'n Barg Quark geven.* Wer dauernd Streit macht, ist ein Querulant und wird hamb. *Quarkbüdel, Quarkbroder* od. *Quarkkopp* geheißen.

Quarkbüdel (Querulant) → *Quark*

quarken bedeutet quaken (hd. ohne r). 1. Ein Frosch kann quaken, ein quakendes Geräusch von sich geben; *de Poggen*[99] *heurn al op to quarken;* Ra.: *wenn man de Pogg lang pett, quarkt he* (wenn man jmdn. lange genug anmacht, reagiert er schließlich). 2. Auch ein Säugling kann ausdauernd *quarken* (plärren); *dat lütt Göör fung an to quarken,* aber häufiger sind es die Älteren, die 3. *quarken,* also nörgeln, meckern, jammern, stöhnen od. sich beschweren; *de överall wat an to quarken harr; he quarkt jümmers egalweg* (nörgelte pausenlos an allem herum). Vgl. → *quesen*

Queen [spr.: kwyn] Färse, junge Kuh, die noch nicht gekalbt hat. *'n Stück vun 'n Queen* (Kalbsbraten, ein besonders gutes Stück Rindfleisch). Syn.: → *Stark*

---

99 Frösche

quesen ist mit → *quarken* gleichzusetzen, nur dass in diesem Fall die Frösche als Verursacher einer solchen Tätigkeit ausfallen; lediglich Menschen *quesen* – nörgeln, meckern, schimpfen, jammern od. stöhnen; *jümmerto sünd wi dorbi, över dat Wedder to quarken un to quesen.* '*n Queseree* ist die Nörgelei; *Queseree maken* (herumnörgeln). Vgl. → *quarken*

Quetschkommode Bei der *Quetschkommood,* die auch *Quetschkasten* od. bei weniger guten Spielern mit einem hohen Anteil an Misstönen sogar *Quietschkommood* genannt wird, handelt es sich natürlich um die gute alte Ziehharmonika; *bi Musik vun de Quetschkommood ward een afpett* (getanzt).

Quicksteert → *Wippsteert*

Quiddje (a.: *Quittje*). Wer in Hamburg zugezogen ist, wer sich noch nicht als Hamburger fühlt, wer sich als Hamburger fühlen möchte, aber von Hamburgern nicht als Hamburger anerkannt wird (was Generationen dauern kann), wer einen süddeutschen Akzent besitzt oder gar allzu deutlich betont, ursprünglich aus Lübeck oder – schlimmer noch! – aus → *Bremen* zu stammen, der wird an Elbe und Alster als *Quiddje* (Fremder, Hochdeutschsprechender) bezeichnet, und es gibt Quiddjes, die sind schon deshalb Quiddjes, weil sie gar nicht merken, dass sie Quiddjes sind. Der in Oberschlesien geborene frühere Hamburger Bürgermeister *Herbert Weichmann* (1896–1983) brachte es zwar bis zum Ehrenbürger der Stadt, blieb hinter vorgehaltener Hand aber immer der „Quiddje aus Schlesien".

Quivive *Auf dem Kien sein* (rotw. aufmerksam, hellwach, auf der Hut sein) hörte man eher in Berlin, in Hamburg wurde die Redewendung *auf dem Quivive sein* bevorzugt – auch die wieder ein Erbe der → *Franzosenzeit*. Ein frz. Wachposten forderte die Parole mit der Frage: *qui vive?* (wer lebe hoch?). Vor der Revolution lautete die Antwort: *vive le roi* (es lebe der König), später gab es dann eine andere Parole. Vgl. → *Kien*

R

Raav [spr.: ro:f]. 1. m., der *Raav* ist der große schwarze Vogel, der Rabe, und 2. f., die *Raav* ist der Schorf auf der heilenden Wunde; *sik 'n Raav afpulen.*

Rabaukers (Plur.). *Rabauken* sind ugs. nicht nur in Hamburg jugendliche Unruhestifter (niederl. *rabaut* – Strolch), doch als *Rabaukers* bezeichnen wir hier speziell kleine Kinder, die sich wie Rabauken aufführen.

Raboisen Diese Straßenbezeichnung in der Altstadt wurde 1843 nach Überlieferungen aus dem 14. Jh. wieder aufgenommen. Sie geht zurück auf den Namen eines hier an der Stadtmauer gelegenen Befestigungsturms, der so genannt worden war, weil er einem in städtischen Diensten stehenden Mann namens *von der Raboisen* als Wohnung gedient hatte. Nicht zutreffen dürfte die immer wieder gehörte Vermutung, ein Oberbayer sei der Grund für die Bezeichnung *Raboisen*, weil er dort bei einem Besuch in Hamburg über das schlechte Kopfsteinpflaster stolperte und fluchte: „Dös is hier ja wie aan Raboisen (Reibeisen)!"

rammdösich meint, benommen, schwindelig od. wie betäubt zu sein; *ik bün al meist rammdösich vun den Larm.* Der *Ramm* bezeichnet veralt. einen Schafbock, also ist *rammdösich* eigentl. ein Schaf, das *dösich* herumsteht, weil die Sonne od. sonst irgendwas oder irgendwer zu heiß gewesen ist. Vgl. → *dösen*

rammeln Hier handelt es sich wieder einmal um ein Verb, bei dessen Erklärung dem Autor ein vorsichtiges Herantasten angeraten zu sein scheint. → *Michael Richey* pflegte 1755 in solchen Fällen ins Lateinische auszuweichen, bei *rammeln* erscheint seine Übersetzung aber sogar auf Griechisch[100]. Zieren wir uns nicht weiter: Unter Erwachsenen bedeutet der Begriff bocken, geschlechtlich verkehren, ein weibl. Tier begatten; *sien Kater rammelt Navers*[101] *Katt.* Ein *Rammler* ist ein Kaninchenbock, ein *Ramm* die veralt. Bezeichnung für einen Schafbock od. Widder, der mit gesenktem Kopf gegen etw. anrennt od. stößt. Eine Ramme, die Pfähle einzuschlagen hilft, wird übertr. ebenfalls *Rammbock* genannt, worauf wir nun aber wirklich nicht näher eingehen wollen.

---

100 Richey: Idioticon S. 205
101 Nachbars

Ratschefummel (Ratzefummel). Schülerspr.: Radiergummi; *Ratschefummel un Bleefeddern* (Bleistifte). Vgl. → *Bleefedder*

Redder Urspr. ein enger Feldweg, über Gemeindeland führend und von Hecken oder → *Knicks* gesäumt.

Reetje Man kann streiten, ob die Prügelpädagogik früherer Jahre zu besseren Pisa-Ergebnissen geführt hätte, auf jeden Fall lag damals ein *Reetje* (kleiner Rohrstock) in jedem Klassenraum, und er wurde noch nach dem Krieg – leider! – nicht nur als Zeigestock benutzt.

reibe (ndd. *riev*) großzügig, reichlich, verschwenderisch, üppig. Schon Michael Richey wusste: *he is allto rywe* [102] (er wendet zu viel auf); *Wust un Eier un Kees is jümmers riev dor* (immer reichlich da). Bis heute: geh nicht so *reibe* mit der Butter um (verschwenderisch).

Reihe Eine Straße, die urspr. nur auf einer Seite bebaut war (*Lange Reihe, Caffamacherreihe*).

Richey, Michael → Biografie S. 233

Riesbessen ist 1. ein Reisigbesen, gebunden aus dünnen Zweigen (meist aus Birkenreisern), mit dem Hof, Diele und Außenbereiche gefegt wurden. Abergl.: Ein *Riesbessen* vor der Tür sollte vor Hexen schützen. 2. Eine zänkische Frau hieß übertr. ebenfalls *Riesbessen*.

---

102 Richey: Idioticon S. 213

Riestüten (Plur.) „Reistüten", nur übertr. gebraucht für die Ohren od. den gesamten Kopf des Menschen: *maak de Riestüten apen* (hör zu); *enen wat in de Riestüten flüstern* (die Meinung sagen); *welk an de* R*iestüten kriegen* (Ohrfeigen bekommen).

Rietsticken ist ein Streichholz od. Zündholz; *wat mit Riet-stickens utröden* (mit Streichhölzern auslosen). Brauchtum: Wenn ein Mädchen ein Streichholz anzündete und dieses abbrannte, ohne dass der abgebrannte Teil abfiel, blieb sein Schatz ihm treu. Erw.: *Rietstickenlock* (Herdloch zum Anzünden der Feuerung), *Rietstickennasch* (Streichholzschachtel).

Ritzenschieber war vor 1930 ein Arbeiter, der die in das Straßenpflaster eingelassenen Schienen und Weichen der Straßenbahn reinigen und im Winter von Eis und Schnee befreien musste. Diese Tätigkeit hatte ein niedriges soziales Prestige, weshalb strenge Väter ihren faulen Söhnen drohend vorhielten, falls sie nicht sorgfältig ihre Schularbeiten erledigten, werde nie etwas Anständiges aus ihnen werden, höchstens *Ritzenschuver* (Ritzenschieber). Damals mussten die Triebwagenführer an ihrem Fahrstand eine Frontscheibe öffnen, um dann mit einer langen Eisenstange von oben aus die Weichen bei einer Fahrtrichtungsänderung von Hand umzustellen.

Rode Grütt → Leserbrief S. 234

Michael Richey

war Schüler des *Johanneums* und später Professor für Geschichte und Griechisch an dessen *Akademischem Gymnasium*. Als Mitglied der „Teutsch-übenden Gesellschaft" sprach und sammelte er Hamburgisch. Richey, geb. 1678 und gest. 1761 in der Hansestadt, gab das erste hamburgische Wörterbuch heraus, das „Idioticon Hamburgense oder Wörter-Buch Zur Erklärung der eigenen, in und um Hamburg gebräuchlichen, Nieder-Sächsischen Mund-Art". Dieses Werk bildete die Grundlage für alle folgenden Wörterbücher, und auch wir mussten uns häufiger darauf berufen, wenn einige Leser partout anderer Meinung über Zuordnung und Etymologie bestimmter Begriffe waren. Übrigens scheint schon damals die Frage „Sprechen Sie Hamburgisch?" auf eine große Resonanz gestoßen zu sein, denn die 1. Auflage 1743 des *Idioticons* [103] umfasste nur 47 Seiten, während die 2. Auflage 1755 auf 374 Seiten angewachsen war.

---

103 Mundartwörterbuch

LESERBRIEF

Rode Grütt

Die rode *Grütt* (rote Grütze) ist eine beliebte Süßspeise, entweder als Nachtisch oder in der heißen Jahreszeit auch als einzige Hauptmahlzeit gegessen. Bestandteile sind rote Früchte wie Sauerkirschen, Johannis- und/oder Himbeeren. Dazu isst man Vanillesoße, Schlagsahne oder einfach Milch. Ich mag sie eher *sööt* (süß) und mit *Melk* (mit Milch). Meine Oma mochte sie lieber sauer. Auf meine Klage: *de rode Grütt is bannig suur!*, antwortete sie: *dat mutt so sien!* Die Geschmäcker sind eben verschieden. Beste Grüße, *Olaf H.*

Rollfleisch ist die gängige Bezeichnung für Rinder- oder Schweinerouladen, während der Ausdruck *Rouladen* für die Kohlrouladen mit Hackfüllung reserviert war.

Rothenburg, Walter → Biografie S. 236

rümen bedeutet freimachen, räumen, roden, das Adj. *rümich* geräumig od. gerodet. Daher der Ausdruck *Rümerdörfer*, die im Gegensatz zu den → *Walddörfern* in „freigeräumter" Heidelandschaft zwischen Alster und Wandse angelegt worden waren.

Rümerdörfer (Hamburger Heidedörfer) vgl. → *Walddörfer*

Rummelpott (*Rummelputt*). Weit verbreitet war früher bei Kindern der Brauch, zu Silvester Rummelpott zu laufen. Die Kleinen verkleideten sich, zogen in Gruppen von Tür zu Tür und baten um kleine Geschenke sowie um → *Snoopkram*. Dabei sagten sie kurze Verse auf, etwa:

Rummel, rummel roken, schenk mi 'n Appelkoken! od.
Rummel, rummel röötjen, gifft mi wat in 't Pöötjen! Das ndd. *rummeln* bedeutet poltern, Lärm machen, und das taten die Kinder, indem sie einen Stock in einem mit einer Schweinsblase überzogenen Topf *(Pott od. Putt)* rieben. Dabei entstand ein brummendes Geräusch, sodass jeder wusste: Der Rummelpott ist da! Lange vor der jetzt importierten unsäglichen Halloween-Drohung „Süß oder sauer", die viele Erwachsene schlichtweg als Erpressung durch verwöhnte Wohlstandskinder empfinden, machte sich auch das Rummelpottlaufen nicht nur Freunde. 1656 wurde es verboten, 1936 erneut. Nicht gerade rücksichtsvoll: *giffst du mi nix in 'n Rummelputt, hau ik di de ganze Kaat in 'n Dutt!*

Silvester 1894:
Der Rummelpott ist da und nicht zu überhören, denn das Mädchen rechts erzeugt mit der Schweinsblase schaurige Geräusche.

Walter Rothenburg

AN DE ECK VUN DE STEENSTRAAT

Walter Rothenburg, genannt *Wero*, war eine Hamburger Institution mit Talenten als Seemann, Volksdichter, Schlagertexter, Boxpromoter, Hobby-Astrologe und als sein eigener Verleger. Am 28. Dezember 1889 in Eimsbüttel geboren, sollte er nach der Schule in eine Backstube gesteckt werden, entfloh zur See und begeisterte sich für den Boxsport. Als Veranstalter vor allem für Max Schmeling brachte er die nie wieder erreichte Zuschauerzahl von 100 000 auf der *Dirt Track* (Sandbahn) in Lokstedt zusammen, wo der Ex-Weltmeister 1934 gegen Walter Neusel gewann. Für den Kampf Schmelings gegen Steve Hamas am 10. März 1935 baute Rothenburg innerhalb von vier Wochen eine Holzlagerhalle an der Zollvereinsstraße zwischen Ausschläger Allee und Ausschläger Elbdeich zur damals größten Sporthalle der Welt um, zur *Hanseatenhalle* in – Rothenburgsort!

Walter Rothenburg schrieb quasi nebenbei die Ur-Hamburger → *Couplets* „An de Eck vun de Steenstroot", „An de Alster, an de Elbe, an de Bill", für → *Charly Wittong* „Fohr mi mol röber" und für Freddy Quinn „Junge, komm bald wieder". Er machte Fischerkittel (→ *Buscherump*), → *Elbsegler* und blaue → *Büx* zum Markenzeichen Hamburger Volkssänger. Als Texter war er so produktiv, dass seine Komponisten Lotar Olias, Michael Jary, Gerhard Winkler und Gerhard Jussenhoven kaum nachkamen. Schlager der Nachkriegszeit, der Welterfolg „You, you, you" und vor allem unsere „heimliche Nationalhymne" stammen aus seiner Feder: „So ein Tag, so wunderschön wie heute". Seine letzten Jahre verbrachte er in Ascona am Lago Maggiore, wo er 1975 starb. Als Hamburger Jung wurde er in Ohlsdorf beigesetzt. Seine fünfte Frau, die er zärtlich *Weroline* nannte, gab im Abendblatt bekannt, Wero habe den Planeten gewechselt. Nach ihr unterschrieb „Lord Simon" die Traueranzeige – sein Hund, ein Yorkshire-Terrier. 1995 wurde der Walter-Rothenburg-Weg in Allermöhe nach Wero benannt.

Rundstück Ein richtiges Hamburger Brötchen wird mit weißem Mehl gebacken, sein Äußeres ist rund bis leicht länglich, es hat weder Kniff noch Falte, und dieses glatte runde Stück heißt an der Elbe eben *Rundstück*. So wurde es bereits kurz nach dem Dreißigjährigen Krieg von Hamburger Bäckern angeboten – und kein echter Hamburger kennt das anders. Wer aber irgendwo in fernen deutschen Landen, wo die dortigen Einwohner von Brötchen, Schrippen, Semmeln oder noch fremdartigeren Gebilden reden, nach einem Rundstück oder gar nach einem „Runds-tück" mit spitzem norddeutschem s-t verlangt, muss auf die verständnislose Rückfrage gefasst sein: „Was, bitte, wollen Sie?" Vgl. → *Rundstück warm*

Rundstück warm In Hamburger Gaststätten wurde früher als schnell zubereitetes Zwischengericht *Rundstück warm* angeboten. Dafür schnitt man ein → *Rundstück* in zwei Hälften, belegte sie mit Scheiben von Schweine- und Rinderbraten und übergoss das Ganze mit warmer, dunkler Bratensoße.

Als es noch Schnellgericht und nicht Fast Food hieß, gab es in Hamburg das Rundstück warm: halbes Rundstück, kalter Braten und warme Soße obenauf.

S

Sabbelbüdel Wer viel redet und tratscht und dabei eine gehörige Portion *dumm → Tüüch* (dummes Zeug) von sich gibt, wird in Hamburg *Sabbelbüdel* genannt. Es gab auch einen Begriff für die weibliche Form solcher Mitmenschen: *Sabbeljette,* wobei dieser Ausdruck genau genommen die → *Verballhornung* der französischen *Serviette* (Mundtuch) gewesen sein soll. Die Verben *sabbeln* (unnötiges Zeug reden) oder vulg. *sabbern* haben ursprünglich etwas mit dem Mund und dem Speichel darin zu tun und lassen sich mnd. mit geifern übersetzen. Um so einen plattdeutschen Dampfplauderer zu stoppen, fährt man ihm mit *holl dien Sabbel!* od. *sabbel di doot!* über den Mund.

Sack (Plur. *Seck*). 1. großer Beutel aus grobem Stoff zur Aufbewahrung od. zum Transport von Schüttgut, Kohlen, Kartoffeln, Getreide etc.; *mit Sack un Pack* (mit der gesamten beweglichen Habe); *wat in 'n Sack hebben* (vorrätig haben); *in 'n Sack hauen* (etw. aufgeben, kündigen, die Arbeitsstelle verlassen). 2. Hohlmaß unterschiedl. Menge, z.B. *1 Sack Kaffe* = 100 Pfund, *1 Sack schwerer Hafer* = 180 Pfund. 3. Tasche, Hosentasche. 4. Schimpfw.: *natte Sack, fule Sack, 'n Sack vun Deern* (ungehorsame Tochter od. Magd).

sapsen (*sapschen, sappen*). Wenn Großmutter einen schönen Tortenboden aus Mürbeteich für den Obstkuchen gebacken hatte und ihn dann mit Kirschen od. Erdbeeren belegte, dann *sapste* er – er feuchtete durch, wurde *sapsich* (breiig) od. *zu Saps* (Matsch).

Schapp 1. Schrank, Spind; vgl. → *Schapptüüch*. 2. Gefängnis, enger Raum. 3. Kopf: *ik hau di enen an 't Schapp*.

Schapptüüch So wurde die festliche Kleidung (→ *Tüüch*) genannt, die nur zu ganz besonderen Anlässen aus dem → *Schapp* (Schrank, Spind) geholt wurde (Sonntagskleid, Sonntagsanzug).

Scharteek bezeichnet in Hamburg die sogenannte Scharteke, was 1. ein altes Schriftstück od. ein antiquarisches, verstaubtes und vergilbtes Buch sein kann, übertr. aber auch 2. abfällig eine alte, hässliche und ungepflegte Frau; *ut de dralle Jungfer is mit de Tiet 'n ole dröge Scharteek worrn*.

Schauerleute Sie sind für das Löschen (Entladen) und Laden der Schiffe zuständig, werden allerdings im Container-Zeitalter weit weniger benötigt als früher, als die Hafenarbeiter noch der Stolz jeder Hafenstadt waren. Sie arbeiteten in Gruppen, den sogenannten → *Gengs*, wurden häufig nur für eine Schicht engagiert und bei großem Arbeitsanfall in den Fünfzigerjahren über den NWDR[104] (NDR) für den jeweiligen Tag gesucht. Sie mussten die Ladung korrekt stauen können, was der → *Stauerviez* (Vorarbeiter) überwachte und der *Tallymann* kontrollierte. Die sogenannten *schwarzen Schauerleute* waren mit dem Kohleumschlag befasst. Der Schauerberuf war eine sehr schmutzige Arbeit, die zudem körperlich anstrengend und gefährlich war.

---

104 Nordwestdeutscher Rundfunk, ab 1956 NDR und WDR

Schauerleute 1935 im Hamburger Hafen

scheckern (*schechten*) bedeutet, mit großen Schritten zu laufen, zu gehen, sich fortzuschieben; *straatop un straatdaal scheckerten de Jungs; he schecht so gau* [105] *he jümmers kann.*

schesen schnell gehen, fahren, laufen, rennen; *he schees in 'n Galopp na Huus.*

schetterich 1. elend, krank, unwohl, übel, verkatert; *mi is ganz schetterich; mien Fro föhlt sik schetterich.* 2. schäbig, unansehnlich, heruntergekommen; *sien schetterichsten Hoot; 'n schetterige Kaat* [106].

Scheven Wind Heimisches Gericht: Graupensuppe mit Rauchfleisch und Backpflaumen.

schick 1. ugs. in ganz Deutschland: fein, modisch, elegant von frz. *chic.* 2. in Hamburg spez. die Eigenschaft „gut" für alles, was gefällt; das kann eine *schicke* Theateraufführung, ein *schickes* Buch od. *schickes* Wetter sein. Subst.: der *Schick.*

schier 1. rein, unvermischt, ohne Zusätze; ein *schieres* Stück Fleisch (ohne Knochen, Fett und Sehnen); *schiere* Natur; *schiere* Wahrheit. 2. glatt; *schier* wie die Babyhaut; *'n schier Holt* (ohne Äste). 3. seem. günstig; *'n schiere Bries vun achtern.* 4. ansehnlich; *so schier un wacker seht se ut* (die Brautleute).

---

105 schnell
106 verfallene Kate

schiersnutich glattgesichtig; *mank de Froonslüüd weer ruuchsnutige*[107] *un schiersnutige mank.* Schon Richey kannte den Ausdruck: *der Bauer saget eene schyrsnutige Deern: ein Mädgen, das fein aussiehet*[108]. Von → *schier* (2)

Schiet Auf Platt klingt das Wort *Schiet,* etwa in *Schietkram* (Dreck, Schmutz), *Schietwedder* (sehr schlechtes Wetter) und selbst in → *Schiethuus* (Toilettenhäuschen auf dem Hof), weit weniger drastisch und ordinär als in der wortwörtlichen hochdeutschen Übersetzung mit Sch…, die wir uns deshalb an diese Stelle auch schenken wollen. Die Anrede „mein kleiner *Schieter*" od. → *Schietbüdel* kann sogar zärtlich gemeint sein. Erw.: → *Klookschieter, Schietfleeg* (Schmeißfliege), → *Schietgeng,* → *Schietgeld, Schietinnebüx* (Feigling), *Schietkeerl* (Straßenfeger), *Schietsnack* (dummes Geschwätz).

Schietbüdel sollte nicht wörtl. ins Hochdeutsche übersetzt werden, denn auf Platt hat das Wort durchaus eine liebevolle Bedeutung; *'n lütt Schietbüdel* bezeichnet ein Windelkind od. kleine Jungen und Mädchen, aber auch Erwachsene und Eheleute können sich so anreden, was dann nicht böse, sondern nett gemeint ist.

schietegaal Adv. total gleichgültig; *dat is mi schietegaal!*

schietenhild Wer es → *hild* hat, hat es eilig, wer es *schietenhild* hat, hat es sehr eilig.

---

107 faltige
108 Richey: Idioticon S. 231

Schietgeld Heute würden wir „Schmutzzulage" sagen, und es gibt kaum eine Handwerkerrechnung, auf der sie nicht auftaucht – beim Klempner, Heizungsmonteur, jedoch eigenartigerweise nicht beim Schornsteinfeger. Doch der kassiert ohnehin hohe amtliche Zwangsgebühren für wenig Arbeit. Früher gab es nur in Ausnahmefällen ein *Schietgeld,* um für extrem schmutzige und unbeliebte Arbeiten überhaupt Leute zu bekommen, etwa zum → *Pansenkloppen.*

Schietgeng Eine → *Geng*, eine feste Gruppe von Hafenarbeitern, die die *Schietarbeit* verrichten musste, etwa das Reinigen der Frachtschiffe nach dem Löschen der Ladung.

Schiethuus bezeichnet ein separat stehendes Toilettenhäuschen auf dem Hof, meist zünftig mit einem ausgesägten Herzchen in der Tür; *Stank för Dank, sä de Buur, dor full he mit dat Schiethuus üm.* → Leserbrief S. 245

Schinkenbüdel war 1. ein Leinenbeutel, in dem der Räucherschinken geschützt in der Speisekammer aufbewahrt wurde. 2. *Schinkenbüdel* hieß scherzh. aber auch eine Damenunterhose aus Leinen, wie sie die Weiblichkeit zu Kaisers Zeiten trug; *de Büxen weer so 'n richtig grote Schinkenbüdels mit brede Spitzen ünnen an de Been.* Eine Abendblatt-Leserin übersetzte knapp und weniger feinfühlig als „Schlüpfer im XXL-Format".

Schisslaweng (Schwung) → *Zislaweng*

Ik kann dat Schiethuus nich finnen

Liebe Redaktion, angeregt von dem Stichwort → *Tante Meier*, fiel mir eine Geschichte ein, die ich selbst erlebt habe. Unsere Nachbarin, Frau Anni S., hatte für eine Woche Besuch von ihrer kleinen Nichte. Frau S. galt als *Etepetete*-Dame (vornehm, fein). Ihre Nichte kam „vom Lande" und sprach nur Plattdeutsch. Die Siebenjährige durfte mit ihr an einem Nachmittag ins Kino gehen. Während des Films stöhnte die Kleine: *Ta´ Anni, ik mutt mol!* Tante Anni erklärte ihr: „Du musst den Gang hinuntergehen und dann rechts in die Tür." Das Mädchen hüpfte von dannen. Nach einer Weile erschien es direkt vor der Leinwand und rief laut vom Podest in den Zuschauerraum: *Ta´ Anni, woneem is dat Schiethuus, ik kann dat nich finnen!* Die Tante stürmte nach vorn, ergriff das Kind und rannte mit ihm unter lautem Gelächter der Kinobesucher nach draußen... Mit freundlichen Grüßen *Curt D.*

LESERBRIEF

schl → sl; schm → sm; schn → sn

Schlachter (*Slachter*). So und nur so wird in Hamburg der Beruf genannt, der in anderen deutschen Landen Fleischer oder Metzger heißt.

Schlawiner (rotw.) war besonders in den Dreißigerjahren ein in ganz Deutschland verbreiteter Ausdruck für einen Schlingel od. Gauner (von Slowene od. *Slawonier* aus Kroatien, die als angeblich besonders gerissene Hausierer durchs Land zogen und natürlich auch nach Hamburg kamen); übertr. ein bes. schlauer, pfiffiger Mensch.

Schmöker Einen großen Teil des Taschengeldes investierte die Jugend in den Fünfzigerjahren, als es noch keine Computer, kein Internet und noch nicht einmal Handys gab, in sogenannte *Schmöker* – literarisch nicht sehr anspruchsvolle Bücher oder Hefte. Sie wurden häufig auf dem Schulhof getauscht und nicht selten im Licht der Taschenlampe unter der Bettdecke gelesen, obwohl die Eltern verboten hatten zu *schmökern* (lesen, blättern).

Schmu (*Smu*). Mogelei, kleine Betrügerei; *Smu maken* (auf harmlose Weise betrügen); *Smugroschen* (unkorrekt abgezweigtes Geld). Die *Smukass* ist das von der Hausfrau vom Haushaltsgeld heimlich beiseite gelegte Geld, meist im Küchenschrank in der leeren Teekanne od. hinter dem Salzfass aufbewahrt; das Dumme war nur, dass wir Kinder dieses Versteck auch kannten; berlin.-rotw. *Schmuh*, wahrscheinl. von *Schmu* (lat. *vulva*) im Sinne von „versteckter Tasche".

Schmuddelwetter (feuchtes Wetter) → *pladdern*

Schnute „Zieh keine *Schnute*", pflegte die Mutter zu sagen, wenn die Tochter ihr Gesicht verzog; ndd. *Snuut* (Plur. *Snuten*) Schnauze, Nase, Gesicht; *wo de Hund de Pott apen findt, dar sleit he de Snuut in* (Gelegenheit macht Diebe); *sik op de Snuut schieten laten* (sich alles gefallen lassen); *de Snuut hollen* (den Mund halten); *fiene Snuut* (Spürnase); *lange Snuut* (Rotznase); *Appelsnuut* (Kosen. „Apfelbäckchen", vgl. → *Otto Ernst*); → *Snuten un Poten* (Eintopfgericht).

scholle „Ich bin *scholle*", stöhnten Kinder, Arbeiter od. Soldaten, wenn sie völlig ausgelaugt, sozusagen „im Eimer" od. „platt wie eine Scholle" waren.

Schoolmeester (Schulmeister) hieß der Lehrer an der Grundschule, vor allem auf dem Dorf, und wenn es sich um eine Lehrerin (selten) od. um die Frau des Lehrers handelte, wurde sie die *Schoolmeestersche* genannt. Um das 17. und 18. Jh. entstanden zahlreiche ländliche Schulen (alle Jahrgänge in einer Klasse), die häufig vom Gutsherrn gestiftet worden waren, die die ärmeren Kinder jedoch zuerst gar nicht und die Bauernkinder nur dann besuchen durften, wenn sie nicht für Feld-, Hof- und Erntearbeiten benötigt wurden. Entsprechend war die Vorbildung des Dorfschullehrers, der meistens nur ein wenig schreiben, lesen und rechnen konnte und nebenbei in der Regel auch noch das Vieh und vor allem die Schweine des Ortes hüten musste, die zur Mast in die Eichenwälder der → *Walddörfer* getrieben wurden. Friedrich der Große machte seine alten Soldaten zu Schulmeistern, die notfalls den Katechismus, auf jeden Fall aber den Rohrstock kannten. Das Entgelt bestand hauptsächlich aus Deputaten[109]. In jedem Ort gab es eine *Schoolmeesterkoppel*, die die Lehrer bewirtschaften konnten. Ihre Armut war sprichwörtlich: *Straaf mutt sien!, sä de Schoolmeester, dor freet he den Kinner ehr Botterbroot op*; od.: *wenn de Muus in den Schoolmeester sien Schapp kiekt, loopt ehr die Tranen lang de Backen.* Im 19. Jahrhundert wurden begabte Schü-

---

109 Sachleistungen

ler erst auf der Präparandenanstalt[110] und dann in einem Lehrerseminar auf den Beruf vorbereitet, später auf einer Pädagogischen Hochschule, in Hamburg auf der Universität. Vgl. → *Persepter*

Schottsche Karre einachsiger Handkarren aus Holz mit großen, eisenbereiften Speichenrädern und zwei Holmen zum Ziehen od. Schieben. Die Ladefläche betrug etwa anderthalb Quadratmeter, die Seitenwände waren 20 Zentimeter hoch. Die Schottsche Karre war über Jahrhunderte das gängige Transportmittel der kleinen Händler und der kleinen Leute in Hamburg. Der Kohlenhändler belieferte seine Kundschaft damit, ärmere Familien benutzten sie beim Umzug. Wer keine eigene Karre besaß, konnte sich tageweise so ein Gefährt mieten. Der Name stammt wahrscheinlich von einem Mann namens Schott.

schrapen (*schropen*). 1. kratzen, scheuern, mit einem Messer od. einem scharfen Gegenstand bearbeiten. → Wurzeln, Rüben und vor allem Frühkartoffeln wurden nicht geschält, sondern *geschrapt*. Wer die Kartoffeln im eigenen Garten erntete und unmittelbar danach in die Küche brachte, brauchte zum Schrapen noch nicht einmal ein Messer, sondern konnte die Knollen unter dem laufenden Wasserhahn mit einer Bürste od. durch Reiben mit dem Daumen von der zarten Haut befreien – eine Delikatesse! Auch das Schwein musste nach der Hausschlachtung durch Schrapen von den Borsten befreit

---

110 früher Unterstufe der Lehrerausbildung

werden; *dat Swien ward schraapt*. 2. rasieren; *he schraapt sik den Boort*. 3. sparsam leben, (Geld) zusammenkratzen; *he günnt sik nix, schraapt un hungert*.

Schreibweisen Die Schreibweise von Städten, Dörfern, Ortsteilen und Straßennamen unterlag auf Althamburger Gebiet einer anderen Tradition als im benachbarten preußischen Bereich, was vor allem beim *-beck* mit *ck* auffiel, etwa in *Barmbeck* („Lord von Barmbeck"). Als mit dem → *Groß-Hamburg-Gesetz* 1937 große Teile preußischen Gebiets in die Hansestadt eingemeindet wurden, standen sich also widersprechende Schreibweisen gegenüber. Der Senat beschloss daher am 27. September 1946, für alle Bezeichnungen mit *Fleth, Flet, -beck* und *-wärder* einheitlich die Formen *Fleet, -bek* und *-werder* zu benutzen. Umgekehrt blieb in der an den Kreis Stormarn abgegebenen Exklave *Groß Hansdorf (Großhansdorf)* im Ortsteil *Schmalenbeck das* hamburgische *ck* bis auf den heutigen Tag erhalten.

Schü (Plur. *Schüüs*) ist die Soße od. Tunke, meist die Bratensoße (frz. *jus*); *Fleesch wat, Kantüffeln satt un Schü dorto; Buff mit Schü* (Beefsteak mit Soße).

Schubiak Schuft, Lump, niederträchtiger Mensch, hd. Schubiack; von niederl. *schobbejak* („sich vor Dreck kratzender Jakob").

1920: Schuten über Schuten in den Fleeten

schulen heißt 1. schielen, die Augen unterschiedlich drehen; *de Dwarskieker* („Quergucker") *schuult mit dat linke Oog in de rechte Westentasch*. 2. heimlich, verstohlen gucken; sämtliche Schülergenerationen haben während der Klassenarbeit „abgeguckt", auf das Heft des Banknachbarn *geschuult;* 3. Das Verb *schulen* hat auch die Bedeutung „sich unterstellen, Schutz suchen, sich verstecken, sich an einem geschützten Ort aufhalten"; *in 'n Huusingang schuult dat jümmers so schöön* (ist es geschützt und windstill). Schulau (Wedel) heißt übrigens deshalb Schulau, weil in einer dortigen *Au* (Bach) die kleinen Schiffe *schulen*, Schutz suchen, konnten, wenn auf der Elbe ein Unwetter herrschte. Vgl. → *schulich*

schulich (Adj.) verstohlen, geschützt, gemütlich; *'n schulich Stell* (geschützter Platz), *in de schulich Sofaeck* (in der gemütlichen Sofa-Ecke). Von → *schulen*

Schummerstünn Früher wurde aus Sparsamkeitsgründen die Petroleumlampe oder gar das elektrische Licht erst angemacht, wenn es wirklich ganz dunkel war. In der Zeit der Dämmerung hieß es: *nu is Schummerstünn, Lich is to düür* (nun ist Dämmerstunde, Licht ist zu teuer). Die Großeltern saßen dann in der Stube und ruhten sich aus. Syn.: *Schummeree* (Dämmerung, Halbdunkel).

Schute (*Schuut*). Offener Lastkahn mit flachem Boden ohne Kiel und eigenen Antrieb zum Transport von Gütern auf der Elbe, Alster und in den → *Fleeten*, früher aus Holz, ab 1885 zunehmend aus Eisen gefertigt. Sie wurden gestakt od. getreidelt (vom Ufer gezogen), später von kleinen Motor- od. Dampfschleppern gezogen. Abgetakelte → *Ewer* wurden als Schuten genutzt, weshalb der Führer einer Schute mit seinem *Peekhaken* zum Staken bis heute Ewerführer genannt wird.

Seemannsgarn An Bord der Segelschiffe mussten die Matrosen, wenn Zeit war oder Flaute herrschte, *Seemannsgarn spinnen*, aus altem Tauwerk dünnes Kabelgarn zum Bekleiden der Trossen und Taue drehen. Dabei wurden → *Döntjes* (plattdeutsche Anekdoten) und Geschichten erzählt, langatmig, häufig geflunkert und in der Regel ohne großen Tiefgang. Wenn so ein Seemann an Land in dieser Weise seine meist nicht der Wahrheit entsprechenden, aber eindrucksvollen Erlebnisse mit → *Klabautermännern* (Schiffskobolden), Piraten, Meerungeheuern und Kannibalen zum Besten gab und die Landratten mit großen Augen an seinen Lippen hingen, war er dabei, im übertragenen Sinne Seemannsgarn zu spinnen.

Seep *witte Seep* (weiße Seife) war teuer und nur zum Nachwaschen gedacht, *grööne Seep* (grüne Seife) diente als Schmierseife der Reinigung von Haus und Händen. Ab und zu musste man sie sogar hinunterwürgen. Ein mit grüner Seife bestrichenes → *Rundstück* soll abführende Wirkung haben. Um die kleinen Kinder der Mutterbrust zu entwöhnen, wurde diese mit grüner Seife bestrichen. Das schmeckte natürlich nicht. Deshalb der Ausspruch, wenn allzu sehr genascht wurde: *Leckertähn, maakst ook grööne Seep?*

Sireen Botan.: „echter" Flieder, aus der Türkei über Spanien eingeführt, duftend und schön, aber im Gegensatz zum Holunder (→ *Fleder*) nicht als Hausmittel geeignet.

Sirrs (*Zirrs*) kann einen Rausch, Schwips, Spleen od. Fimmel ausdrücken. „Du hast wohl einen *Sirrs!*" meint: „Du hast wohl einen Vogel im Oberstübchen."

Sklavenkasse In Hamburg wurden zu zivilisierter Zeit zwar keine Sklaven gehalten, aber Hamburger Seeleute gerieten häufiger in die Sklaverei, vor allem wenn sie von nordafrikanischen Piraten aufgebracht worden waren, die es als Muslime als ihr gutes Recht betrachteten, Christen zu überfallen. Irgendwie erinnert die Szenerie ein wenig an die Piraten des Jahres 2009 vor Somalia. Zum Freikauf von Hamburger Kapitänen und Steuerleuten gab es seit 1622 die *Casse der Stücke von Achten,* in die die Mitglieder der Kasse vor Antritt einer Fahrt einen Betrag in Pesos zu acht Realen einzahlen mussten[111]. Weil für einfache Seeleute unerschwinglich, gründete man 1624 die *Sklavenkasse*. Der Besatzung Hamburger Schiffe wurde je nach Rang ein bestimmter Betrag gleich von der Heuer abgezogen; *lever doot as Slaav,* hieß es. In den Kirchen fanden regelmäßig Sklavenkollekten statt, um die Mittel der Lösegeldkasse aufzustocken.

Slackermaschü (*Slachrahm*). Schlagsahne, schaumig geschlagener Rahm; *'n dubbelte Portioon Slackermaschü to den Koken; wunnerborn Schuum, as Slachrahm; em bleev 'n lütt beten Slackermaschü in 't Gesicht sitten.* Vgl. → *Schü*

---

111 Hamburg-Lexikon S. 437

Slackermatsch Wenn die Mutter *ehr lütt Deern* sonntags fein herausputzte – hübsches Kleid und weiße Kniestrümpfe –, dann sollte sich die Kleine nicht gleich wieder dreckig machen: „Spiel ja nicht im *Slackermatsch!*", verwarnte sie die Tochter. Syn.: → *Baggermatsch*

slackern bedeutet kleckern od. schütteln, *Slacker* ist Matsch, Schlagsahne oder die Haut auf der Milch. Vgl. → *Slackermaschü* (Schlagsahne), *Slackerkram* (matschiges Essen), *Slackerbuuschen* (Lätzchen) und *Slackerwedder* (Hamburger Schmuddelwetter).

Sleef 1. Kochlöffel, Holzlöffel zum Umrühren; *de Hund is mit 'n Sleef utneiht* (das Essen ist angebrannt). 2. übertr. Flegel, Lümmel; *de Buuren sünd rechte Sleeve, d. i. rechte Tölpel*, meinte 1755 der städtische Akademiker Michael Richey zu wissen[112], und er hatte auch gleich eine gelehrige Worterklärung parat, wie der Küchenlöffel zum Flegel mutieren konnte: *weil nun dergleichen Löffel von den Bauern nicht eben aufs feinste pflegen geschnitten zu werden, so nennen wir einen dummen und ungehobelten Menschen eenen Sleef*[113]. Das hinterließ Spuren bei den blasierten Stadtmenschen, die um 1820 jeden Bauern mit dem Spottnamen *Sleef van Buten*[114] bedachten. 3. wohlwollender klingt die Übersetzung „Schlingel" für einen

---

112 Richey: Idioticon S. 261

113 Richey: Idioticon S. 260

114 Irgendwelche Vergleiche mit dem belgischen Fußballer Daniel van Buyten (Bayern/früher HSV) drängen sich auf, sind aber unangebracht.

Jungen, der lustige Streiche im Kopf hat; *he harr dat fuustdick achter de Ohren, he weer 'n Sleef.*

sludern (tratschen) vgl. → *klönen*

Slummerbaas (Herbergswirt) → *Baas*

Smutje (*Smuutje*) ist die Bezeichnung für einen Schiffskoch, der in der → *Kombüse* die Mannschaft bekocht und be-köstigt. Der Hinweis, dass *Smutje* urspr. Schmutzfink bedeu-tete, wird Ihnen hoffentlich nicht den Appetit verderben.

Snack (Plur. *Sneck*). 1. Gespräch, Schwätzchen; *enen in 'n Snack ophollen; sik in den Snack mischen.* 2. Erzählung, Geschichte; *'n olen Snack vun Grootmudder.* 3. Geschwätz, überflüssiges Gerede; *dumm Snack* (Unsinn). Von *snacken* (reden), Subst. *Snackeree* (Gerede). Vgl. → *klönen*

Snööf (*Snööv*). Schnupfen, Erkältung mit laufender Nase; *'n Snööf hollen* (sich erkälten); *sik 'n bannigen Snööf op-sackt hebben* (betrunken sein).

Snoopgroschen Zusatzverdienst, Trinkgeld, Taschengeld; *düchtige Lüüd weet Snoopgroschen to maken; Snoophüür* (Zusatzgeschäft, Gelegenheitsarbeit). → *snopen*

Snoopkram Die Kinder hatten was zu → *snopen* (naschen) od. *Snoopkram* (Süßigkeiten, Naschwerk, Leckereien).

snopen naschen, schlemmen, genießen, etw. außerhalb der Mahlzeiten essen; *Ostern ward snoopt un sleckert; da könnt wi fein snopen; he snoopt ook gern wat, wo wat is. snopich* (vernascht). Vgl. → *Snoopkram*, → *Snoopgroschen*

Snuten un Poten „Schnauzen und Pfoten", also die Teile vom Kopf und Fuß des Schweins, die bei der Herbstschlachtung in Salzlauge haltbar gemacht (→ *pökeln*) wurden, dienten zu Zeiten, als die Tiefkühltechnik noch nicht jeden Haushalt erobert hatte, der Resteverwertung und dem Speisezettel in der kalten Jahreszeit. Die *Snuten un Poten* mussten erst rund zwei Stunden, möglichst zusammen mit Zwiebeln, Lorbeerblatt, einigen Wacholderbeeren und Pfefferkörnern, im geschlossenen Topf kochen. Dann wurde das Fleisch abgelöst und mit dem eingelegten Sauerkraut (evtl. samt Äpfeln od. Ananas) aufgekocht. Dazu gab es *Kartoffelmus* (oder *Erbspüree*). 1912 sangen die Gebrüder Wolf, und ganz Hamburg sang mit: *Dat sünd de Snuten un Poten, dat is 'n fein Gericht* …

Snutenfeger (Friseur) → *Putzbüdel*

Sonnabend Das Erste, was wir den Zugereisten aus südlicheren deutschen Landen beibringen, ist die Regel: In Hamburg heißt der Samstag *Sonnabend* – und das nicht nur in Hamburg, sondern in allen evangelischen Stammländern der Reformation bis nach Sachsen. Selbst zu Zeiten multikultureller Vielfalt wird von dieser Regel an der Elbe kein Abstrich gemacht. Der Samstag war hebr. *sabbat* (Ruhetag), lat. *sabbatum*, der Sonnabend bedeutet „Vorabend des Sonntags", mhd. *sunabent*. Die Bedeutung Vorabend (eines Festes) gründet sich in der alten Auffassung, dass der Tag schon mit dem vorangehenden Abend beginne (3. Mose 23, 32).

Das Weihnachtsfest beginnt danach mit dem Heiligen Abend am Vortag, dem 24. Dezember.

Soot Brunnen, Grube für Regenwasser, Viehtränke. Wetterregel: *Morgenroot bringt Water in 'n Soot* (zeigt sich ein Morgenrot, droht Regen). Noch zwei Sprichwörter: *dat is 'n slechten Soot, wo 'n Water hindregen mutt* (das ist ein schlechter Brunnen, zu dem man das Wasser hintragen muss – übertr.: ein erfolgloser Mensch) od.: *wenn dat Kind versapen is, ward de Soot dichtmaakt* (wenn das Kind in den Brunnen gefallen ist, wird er dichtgemacht – übertr.: eine Gefahrenquelle wird so lange verharmlost, bis etwas passiert ist).

Söten Und wenn der junge Mann mit seiner *söten Deern* (mit seinem süßen Mädchen) ausging, dann bekam sie manchmal auch einen *Söten* (Kuss) auf den Mund.

Sott 1. Ruß, schwarze, schmierige Schicht, die sich als Rückstand des Qualms einer offenen Flamme absetzt: *swatt as Sott* (schwarz wie Ruß); Wetterregel: *Regen gifft dat, wenn de Sott vun 'n Füürböön leckt* (Regen droht, wenn der Ruß von der Decke über der Feuerstelle tropft). Von *sotten* (rußen, schwärzen). 2. übertr.: Glück; *de hebbt noch mal Sott hatt* (die haben noch einmal Glück gehabt); *Sott bi de Deerns* (Erfolg bei den Mädchen). vgl. → *Sottje*

Sottje Der Schornsteinfeger wurde im Hamburger Volksmund scherzhaft *Sottje* genannt. Diese Bezeichnung geht natürlich auf das plattdeutsche Wort → *Sott* für Ruß zurück, den zu entfernen ja die Aufgabe des Schornsteinfegers war und der an dessen Arbeitskleidung, Gesicht und Händen haften blieb. Er war ein schwarzer Mann, wie die Menschen, die in ihrem Beruf mit Schmutz zu tun haben, genannt wurden, und diente im Alltag sowohl als Glücksbringer (mit Zylinder: *löppt di 'n Sottje över 'n Wech, denn hest du Glück*) als auch als Kinderschreck („Wer hat Angst vorm schwarzen Mann?"). Der Sottje kündigte seinen Besuch mit Kreide auf der Haustür an *(„8.2. Sottje")* oder rief laut durchs Treppenhaus: *„Maandag*[115] *Sottje!"*

Spatt Der *Spatt* ist eine Pferdekrankheit, erklärt als Fußlahmheit der Pferde od. Hufkrankheit von Pferden; übertr.: *wi Olen hebbt noch lang keen Spatt* (wir Alten sind noch lange nicht lahm und verbraucht), hieß es am Tisch der Altenteiler.

Speeldeel Eine *Speeldeel* ist eine Vereinigung zur Pflege der plattdeutschen Sprache und des nordd. Brauchtums. Der Spielleiter solcher Musik- und Theatergruppen heißt *Speelbaas*. Das in Hamburg und weit über Hamburg hinaus wohl bekannteste Beispiel: die *Finkwarder Speeldeel* (wörtl.: Finkenwerder Spieldiele), die 1906 von *Hinrich Wriede* und keinem Geringeren als dem Heimatdichter → *Gorch Fock* (Johann Wilhelm Kinau, 1880–1916) als Theatergruppe auf dem Fischerewer HF 125 im Finkenwerder Kutterhafen gegründet worden ist.

Rechts:
Die Finkwarder Speeldeel macht einen Ausflug, 2008.

---

115 Montag

spiteeisch [spr.: spite:´isch] od. *spiteelsch* – hämisch, spöttisch; *lach nich so spiteeisch!*; *spietsch* (spöttisch, hämisch, schnippisch); *spietschen* (über etw. spotten). Es handelt sich um einen hauptsächlich in Harburg und Wilhelmsburg belegten Ausdruck.

spöken (*spökern*) heißt spuken, wie ein Gespenst sein Unwesen treiben. *Spöök, Spökeree* od. *Spökerkram* ist der Spuk bzw. die Geistererscheinung, und *Spökenkieker* nennt man denjenigen, der an Geister glaubt und von allerlei übersinnlichem Kram faselt – d.h., dabei handelt es sich leider viel häufiger um eine *Spökenkiekersch; nu mutt dat Schipp ewig op See spöken* (der „Fliegende Holländer"); *bi em spöökt dat in 'n Kopp* (er ist verrückt).

Spökenkieker (Geisterseher) → *spöken*

Spreen (Stare) → Leserbrief S. 261

St.-Pauli-Theater (bis 1941 *Ernst-Drucker-Theater*) ist ein Theater an der Hamburger Reeperbahn. Es wird am 30. Mai 1841 als *Urania-Theater* eröffnet und 1844 durch eine Aktiengesellschaft als *Actien-Theater* betrieben. 1863 ersteigert Carl J. B. Wagner das Theater und nennt es *Varieté-Theater*, 1884 übernimmt es *Ernst Drucker* (1856–1918) und spielt erfolgreich Hamburger Volksstücke, aber auch ernste Werke. 1921 kauft Siegfried Simon das Theater. Als er 1924 stirbt, übernimmt seine Frau die Leitung. In dieser Zeit bearbeitet *Paul Möhring* die Biografie des Hamburger Originals → *Zitronenjette* zu einem Theaterstück, das zum größten Erfolg des Hauses wird. Als die Nationalsozialisten 1941 merken, dass Ernst Drucker Jude war, wird das Theater in *St.-Pauli-Theater* umbenannt. Die Familie Collien übernimmt es 1970. *Freddy Quinns* Musical „Der Junge von St. Pauli" wird uraufgeführt und auch die „Zitronenjette" weitergespielt.

staatsch [spr.: sto:tsch]. „Das ist mal *'n staatschen Kerl!*", schwärmte Heidi Kabel im → *Ohnsorg-Theater* und benutzte dieses Adjektiv sogar in der hochdeutschen Fernsehaufzeichnung, als sie den neuen Untermieter mit neugierigen Augen begutachtete. Soll heißen: Er macht was her! *staatsch* kann eine ganze Reihe von positiven Eigenschaften ausdrücken: stattlich, fein, prächtig, ansehnlich, würdevoll, repräsentativ, tüchtig od. kräftig.

Stark (Plur. *Starken*). Junge Kuh, die noch nicht gekalbt hat – anderenorts Färse genannt. *Starkenkoppel* (Hausweide für Jungvieh), vgl. → *Wischhoff*. Syn.: → *Queen*

Spreen hüten

Ich bin im Alten Land groß geworden. Während der schlechten Nachkriegszeit habe ich als 12- bis 14-jähriger Junge während der Kirschenernte Spreen gehütet. Spreen sind Stare, die in großen Massen in die Kirschbäume einfielen und die Ernte vernichteten. Der Ausdruck „Spreen hüten" ist wohl etwas irreführend. Nicht die Spreen wurden gehütet, sondern die Kirschen vor den Spreen gerettet. Das geschah mit Handklappermühlen, Kochtopfdeckeln oder anderen Lärm machenden Geräten. Dazu wurde geschrien, was die Kehlen hergaben. Wenn wirklich einmal ein Spreen-Schwarm eingefallen war, bekam der arme „Spreenhüter" bösen Ärger mit den Kirschpflückern, denn die Spreen hatten nur noch Kirschenmatsch übriggelassen.

Mit freundlichen Grüßen *Peter P.*

LESERBRIEF

Stauerviez wird der Vorarbeiter einer Gruppe (→ *Geng*) von → *Schauerleuten* (*Stauer*) beim Löschen und Beladen von Schiffen im Hafen genannt; *de Stauerviez passt op, dat de Lodung richtich staut ward, dat allens ringeiht un dat sik nix verklemmt.*

Steert heißt der 1. Schwanz von Tieren. Dieser Begriff kommt in vielen Komposita und Redensarten vor, vgl. z. B. → *Wippsteert; de Heisters*[116] *mit den langen swatt-bunten Steert; dat Muul geiht em as den Katteker*[117] *de*

---

116 Elstern
117 Eichhörnchen

Steert. 2. Handgriff od. Endstück eines Gegenstandes: *Steertpott* (Stieltopf); *den Steert dippen* (die Schiffsflagge am Heck kurz zum Gruß senken).

Steertgeld Trinkgeld für die Kinder des Verkäufers beim Verkauf von Vieh.

Steertpogg (Plur. *Steertpoggen*). Frosch mit → *Steert* (Schwanz): Kaulquappe (Froschlarve).

Steertpoggkaar war ein zweirädriger Handwagen der Torfbauern, der häufig von Hunden oder von Hund und Mensch gemeinsam gezogen wurde. Der → *Torf* wurde in Hamburg als Brennmaterial verkauft. Syn.: *Hunnenkaar, Tuckwagen*.

Steffen, Hans Reimer → *Hans ut Hamm*

Steinstraße Wohl die älteste, schon im 13. Jahrhundert gepflasterte Straße, die den durch die Vorstadt des St.-Jakobi-Kirchspiels verlaufenden Teil der alten Landstraße nach Lübeck bildete. Selbst wer noch nie die *Steenstroot* (Steinstraße) gesehen hat, hat sie sicherlich schon oft zitiert gehört; *he weet vun Gott nich un vun keen Steenstroot*, lautete im Volksmund die Umschreibung für einen unbedarften Menschen. → *Charly Wittong* (1857–1943) wurde 1925 berühmt mit dem → *Couplet* des Hamburger Liedermachers und Box-Promoters → *Walter Rothenburg* (1889–1975): *An de Eck vun de Steenstroot steiht 'n Oolsch mit Stint, will mi vertellen, dat dat Schellfisch sünd. Dor kummt en Schutzmann, de seggt ganz slau: Mien lebe Fro, dat sünd ja Kabeljau!*

Steinstraße mit Jacobikirche im Jahre 1885

Stellung Die oft blutjunge Tochter in die Stadt *in Stellung* zu schicken war für die Familien aus den holsteinischen und mecklenburgischen Landgebieten selbstverständlich. Die → *Deerns* lebten in kärglich ausgestatteten und ungeheizten Mädchenzimmern oder in Etagenhaushalten in der Küche, blieben aber meist der Herrschaft verbunden, bis sie das mehr oder weniger zweifelhafte Glück hatten, einen Handwerksburschen, mit dem sie am Lieferanteneingang od. auf dem → *Köökschenball* geschäkert hatten, heiraten zu können. Bürgerliche od. herrschaftliche Haushalte im alten Hamburg hatten mehr od. weniger zahlreiches Personal. Obwohl die „Gnädigste" damals nicht berufstätig war, gingen ihr dienstbare Geister zur Hand. Die Mädchen bedienten in kleidsamer Tracht, zum schwarzen od. weißen Kleid eine weiße Schürze und auf dem Kopf ein Häubchen, von dem zwei weiße Bänder auf den Rücken hingen. Ein Alleinmädchen hielt sich jeder od. musste sich jeder halten, um den gesellschaftlichen Stand zu wahren. In besser gestellten Familien hatte man ein Kleinmädchen und eine Köchin (→ *Kööksch*). Edith Oppens beschreibt den Bedarf in hanseatischen Villenhaushalten zur Kaiserzeit: Es gab außerdem Mädchen mit speziellen Kenntnissen im Nähen, Plätten und Servieren, eine Küchenhilfe, vielleicht eine → *Jungfer* (Haustochter). Das männliche Personal bestand aus Diener, Kutscher und Gärtner. Sie wurden ergänzt durch die → *Hausschneiderin*, die Kochfrau, die Waschfrau und Lohndiener bei größeren Empfängen[118].

---

118 Oppens: Hamburg zu Kaisers Zeiten S. 124 ff.

Sticken 1. Ein *Sticken* ist vor allem erst einmal ein Stock od. ein Stab, auch in übertr. Bedeutung; *kenen Sticken vör Ogen sehn könen* (keine Hand vor Augen sehen). 2. In Adj. dient der Begriff zur Verstärkung der Bedeutung: *stickenduun* (stockbetrunken), *stickenbalkendüüster* (stockdunkel). → *Rietstickens* sind Streichhölzer.

Stift Heute würde man ihn „Auszubildender" nennen, früher war der Stift (jüngster) Lehrling und bekam schon mal *wat an de* → *Riestüten* (Ohren). Das war aber nicht nur ein → *Backs* (kleine Ohrfeige), vielmehr hatte er schon ordentlich etwas zu → *verknusen* (verdauen).

Stollen Längliches Hefegebäck mit Rosinen, Mandeln, Zitronat und Gewürzen, nicht nur in Hamburg vor allem zur Weihnachtszeit gebacken. Die Abgrenzung des Begriff zum → *Stuten* und → *Klöben* scheint von Familie zu Familie unterschiedlich gehandhabt worden zu sein.

Stremel ist 1. ein Streifen, ein lang gestrecktes, schmales Stück (ein *Stremel* Lachs; ein *Stremel* Land mit Kartoffeln), ein Band od. Riemen. 2. ein nicht unterbrochener Abschnitt der Zeit, einer Strecke od. eines Gegenstandes; die Wäsche in einem *Stremel* wegplätten; das Kapitel in einem *Stremel* vorlesen; *dat gütt in dicke Stremels* (es goss in Strömen).

struuf bedeutet 1. rau, uneben, nicht glatt; *struve Huut* (raue Haut); auch der Rhabarber-Geschmack im Mund macht die Zunge *struuf; de Slöh*[119] *is struuf* (herb). 2. übertr. unfreundlich; *se föhr mi struuf an*.

Stubben 1. Ein Wurzelstock, ein Baumstumpf, der mit den Wurzeln noch in der Erde steckt. Bäume fällen ist relativ einfach, heutzutage mit der Kettensäge ohnehin, aber den *Stubben* aus der Erde zu bekommen, ist eine Schinderarbeit. In der Nachkriegszeit war es für die Bewohner häufig die einzige Möglichkeit, an Brennmaterial zu kommen, im Umland in den abgeholzten Flächen Stubben auszugraben und sie mit Axt, Säge, Vorschlaghammer, Keilen und Brechstange so weit zu zerkleinern, dass die Stücke durch die Ofenklappe passten; *Stubben klöven* (Stubben als Heizmaterial spalten). 2. Scherzh. wurden in Harburg auch die Realschüler *Stubben* genannt, wohl weil sie im mehrgliedrigen Schulsystem aus der Sicht der Gymnasiasten ziemlich weit unten standen.

stürzen Betttücher, die in der Mitte mürbe geworden waren, wurden früher nicht weggeworfen, sondern *gestürzt*. Die → *Hausschneiderin* schnitt sie durch, kehrte die dünnen Partien nach außen und nähte das Betttuch in der Mitte wieder zusammen. Auch in feinen Hamburger Haushalten galt es nicht als unzulässig, *auf der Naht* zu schlafen, sondern vielmehr als Ausdruck hanseatischer Sparsamkeit[120].

---

119 Schlehe
120 Oppens: Hamburg zu Kaisers Zeiten S. 125

Stuten waren in verschiedenen Variationen gebackene längliche Weißbrote aus Weizenmehl, Milch und Wasser, auch → *Rundstücke* od. Rosinenbrötchen. Michael Richey schätzte sie sehr (1755): *weiß Brodt überhaupt; insonderheit aber sind es bey uns kleine gesottene Brödtlein, die wie ein geschoben Vier-Eck aussehen, und zweene Timpfen*[121] *haben, auch meist für geringe Leute gebacken werden*[122]. Ein *söten Stuten* enthielt viele Eier, Rosinen und Korinthen und wurde in Hamburg meistens → *Klöben* genannt. Sprichw.: *dat weer noch schöner, Beckerskinner Stuten geven!* (jmdm. etw. schenken, der es gar nicht nötig hat). Ein *Stutenbecker* backt nur Weißbrot, kein Schwarzbrot, und die *Stutenfro* trägt das Brot in der *Stutenkiep* (Brottragekorb) auf dem Rücken aus. Die Moorburger Kinder verspotteten die Ausflügler aus Hamburg seinerzeit als *Stutenfreter* (Leckermäuler). Vgl. → *Stutenwochen*

Stutenwochen (*Stutenweken*) sind „Zärtelwochen", weich und zart wie die → *Stuten* aus Weißbrotteich. 1. In den ersten Schulwochen wurden die Abc-Schützen noch nicht so hart angefasst, um sie nicht gleich zu verschrecken und mit dem Rohrstock zu traktieren – d. h. früher, seit 1968 sollen die Stutenwochen ja angeblich weitaus länger andauern. 2. Flitterwochen, in denen die Frischverheirateten (hoffentlich!) noch rücksichtsvoll miteinander umgehen; *de sünd noch in de Stutenwochen.*

---

121 Ecken, Spitzen
122 Richey: Idioticon S. 299

Stütze Mit *Stütze* ist eine Haushaltshilfe gemeint, die meist stundenweise der Hausfrau zur Hand ging.

Suus 1. Geschwindigkeit, Eile; *in vullen Suus* (in voller Fahrt); *jümmers in de Suus* (stets in Eile). 2. Alkoholrausch; *he drinkt sik 'n düchtigen Suus*; *in Suus un Bruus* (verschwenderisch). 3. Ausflug, „Sause", Zug durch die Gemeinde; *na endlich, na de Suus, dor geiht dat nu to Huus* (→ *Köllisch*).

suutje gemächlich, ruhig, sanft, leise; es *suutje* angehen lassen; *man jümmers suutje!* (immer mit der Ruhe). Syn.: *suutjegetuutje; man sinnich.*

Swienschiet mit Dill war die unwillige Antwort von Mutter auf die Frage: *wat gifft dat to eten?*

Swutsch Wer *op 'n Swutsch* geht, verlässt sein Heim, um sich, meist nicht allein, etwas zu amüsieren und zu entspannen, ohne festes Ziel irgendwo einzukehren oder ganz einfach vor dem Schlafengehen noch eine Runde zu drehen. Wenn der Vater *op 'n Swutsch* war, klang das nach einem Zug durch die Gemeinde, wenn die Tochter *op 'n Swutsch* war, sollte man eher in Richtung → *Köökschenball* oder an das Händchenhalten mit einem Jüngling mit Strohhut denken. Der Begriff beinhaltet in Hamburg ein augenzwinkerndes Verständnis für die kleinen Freuden und Schwächen der Mitmenschen, obwohl das ndd. Verb *swutschen* so viel wie „leicht, liederlich und ausschweifend leben und feiern" oder „sich herumtreiben" bedeutet.

T

Tähnpien Zahnweh ist schlimm, damals wie heute. Wenn die *Tähn* (Zähne) *Pien* (Pein) bereiteten, gab es eine Fülle von Hausmitteln und Anweisungen, um die Schmerzen zu vertreiben. Sie hatten alle eines gemeinsam: Sie halfen nicht, selbst wenn sie vorschriftsmäßig bei abnehmendem Mond angewendet wurden. In Vierlanden steckte man sich schwarzen Tabak in die Ohren, auf Finkenwerder hingegen ein Geranienblatt, in Billwerder musste der Rauch von brennenden Holunderbeeren eingeatmet werden, anderenorts sollte es brennende Watte sein. Wirkungslos, aber schmerzhaft auch der Tipp, ein Eichenhölzchen anzuspitzen, damit im faulen Zahn zu bohren und den Zahnstocher dann in einen Baum zu stecken. Mehr Ablenkung als medizinischen Nutzen versprach folgender Vorgang: *Tähnpien vergeiht, wenn man sik avends oordig duun suupt.* Großmutter tröstete: *Tähnpien is gor keen Pien,/ aver en Leefsten hebben/ un nich bi em sien,/ dat is en Pien!*[123] Was half nun wirklich? Ein Besuch beim → *Kusentrecker!*

Taille Es wird Frühling, es wird wärmer, und es kommt die Zeit, in der man *per Taille* gehen kann: das heißt, ohne Jacke und ohne Mantel – nur so im Kleid oder Rock und Bluse.

Tallje (*Talli*; zu *Tall*, *Tahl* – Zahl). 1. Zählstrich, eine mit Zählstrichen notierte Zahl. Etwas gewagt könnte man auch

---

123 HWB 5/43

sagen: ein primitiver Vorläufer des Barcodes. Ein *Tall-je-* od. *Tallimann* (Plur. *Tallilüüd*; Tallymann) kontrollierte die Schiffsladung urspr. mit *Talljen* (Kerben) im Kerbholz. Hom. 2. *Talje* (seem. Flaschenzug). 3. *Talje* (rotw. Galgen).

talterich heißt 1. zerlumpt, faltig, schlaff, trödelig, aber auch 2. langfaserig beim Fleisch. Subst. *Talterkram* (Lumpen; Fleischabfall beim Schlachten). Wenn die gelagerten Äpfel im Keller im Frühjahr zusammenschrumpfen, sind sie *talterich un pappich* geworden.

Tante Meier Bei diesem Ausdruck handelte es sich keineswegs um die Verwandtschaftsbezeichnung innerhalb einer Familie mit weit verbreitetem Namen: In Hamburg bedeutet „Ich geh maa ehm nach *Tante Meier*" nichts anderes als die Absicht, austreten, zur Toilette gehen zu wollen. Die Klarform wurde als zu *schaneerlich* (peinlich) empfunden. Allerdings war die Toilette früher nicht so bequem zu erreichen und zu benutzen wie heute. Es galt schon als Komfort, wenn sie am Treppenabsatz für mehrere Mietparteien untergebracht war, aber häufiger war sie im Häuschen auf dem Hof mit Eimer od. Grube unter dem Sitz zu finden (→ *Schiethuus*). In freier Natur ging man nicht nach Tante Meier, sondern nach *Mudder Gröön* (an eine sichtgeschützte Stelle im Grünen). Über die Herkunft des Begriffs *Tante Meier* entbrannten unter den Abendblatt-Lesern wilde Spekulationen, weil irgendjemand einmal vor Jahren den → *Tüünkram* in die Welt gesetzt hatte, „Tante" sei die Kuh, „Meier" die Milch und „Tante Meier" also die Stelle neben der Milchkuh, an der die Bäuerin… Eine ebenso unhygienische wie abwegige Vorstellung. Unter Umständen handelt es sich auch hier um eine → *Verballhornung* aus der → *Franzosenzeit* des Ausdrucks *Tente Mayeur*, des Gemeinschafts- oder Latrinenzeltes im Feldlager. Wenn also so ein schmucker französischer Besatzungssoldat erst noch einmal ins *Tente Mayeur* musste, bevor er mit seiner Hamburger Deern losschob, verstand sie: Er muss erst nach *Tante Meier*.

tasen 1. zerren, ziehen, zausen. 2. sich schleppend bewegen, langsam sprechen; taas nich so!

Teepott In erster Linie ist ein *Teepott* (*Teeputt*) eine Teekanne, die im Gegensatz zur hohen und schlanken Kaffeekanne niedrig und bauchig ist. Daneben wird der Ausdruck als Schimpfwort für einen ungeschickten Menschen, Tölpel, Dummkopf gebraucht: *du büst doch 'n Teeputt!; sett di man keen Tee in 'n Kopp* (bilde dir nichts ein).

Tonbank (*Toonbank*). Eine *Tonbank* hat nichts mit Musik od. Tönen zu tun, sondern bedeutet in Hamburg 1. einen Laden- od. Verkaufstisch, in Gaststätten auch 2. eine Wirtshaustheke od. einen → *Tresen*. Schon → *Michael Richey* (1755) wusste: *Toon-Banck: die Auslage, oder der Tisch, worauf der Krämer seine Waare vorzeiget, und worin auch das täglich gelösete Geld aufgehoben zu werden pfleget* [124]. Weiter Richey: *toonen: zeigen, weisen, sehen lassen. Ist eigentlich Holländisch, aber bey uns in der Kaufmannschaft sehr im Gebrauche.* [125]

---

124 Richey: Idioticon S. 309
125 niederl. tonen (zeigen, vor Augen bringen)

Torf (*Törf*) ist aus zersetzten Pflanzen entstandene Moorerde, die zum Streuen im Stall od. zum Heizen benutzt wurde. Neben Holz war vor 1900 Torf das wichtigste Brennmaterial in Hamburg. Gestochen wurden die Soden vor allem in Langenhorn, Groß Borstel, Glashütte, Garstedt und Harksheide und von den → *Tuckern* (Torfbauern) meist auf zweirädrigen Hundewagen (→ *Steertpogg*) in die Stadt gebracht und verkauft[126]. Ruf der Tucker (damals muss überhaupt ein pausenloses Geschrei der verschiedenen Straßenhändler geherrscht haben): *Törf vun Wagen verkööpt wi hier,/ sössteihn Soden för 'n Schillen,/ hatt un swatt, hollt prächtich Füür* (bewahrt die Glut).

Ein Torfbauer aus Stellingen, Fuhlsbüttel oder Harksheide bietet seine Ware als Heizmaterial in der Stadt an und hält eine Probe seines Torfs in der Hand, teihn Soden för 'n Schilling. Er hofft, seine Ladung bis Mittag loszuschlagen, um nicht die Nacht über in der Stadt bleiben zu müssen, wo die Zeche für sich und seine Tiere mehr kosten würde, als bei der ganzen Reise gewonnen wird.

---

126 HWB 5/Sp. 126

Tresen 1. Laden- od. Verkaufstisch; *de Aptheker*[127] *stünn an 'n Tresen.* 2. Schanktisch, Theke; *de Weertsfro achter 'n Tresen.* Von mhd. *trese(n)* (Geldkasten; verschlossene Kämmerei im Rathaus; Tresor) zum Tisch, in dem die Einnahmen aufbewahrt werden.[128] Syn.: → *Tonbank*

Troyer (*Treuer*) 1. gestrickter, meist dunkelblauer Wollpullover des Seemanns und derjenigen Küstenbewohner, die ihre Nähe zum Wasser betonen wollen; *'n dicken Treuer to 'n Övertrecken.* 2. seem. *Treuer:* wollenes Unterhemd des Seemanns.

Tschüs Inzwischen versteht man in ganz Deutschland den Abschiedsgruß *Tschüs!,* der so schön kurz und prägnant ist. Ursprünglich war er vor allem im Norden und gerade in den Hansestädten zu hören. Fremde Seeleute gebrauchten häufig das spanische *adiós* (lat. *ad deum* – Gott befohlen). Auf Französisch hieß es *adieu,* und wie viele frz. Ausdrücke wurde er in Hamburg während der → *Franzosenzeit* ins Plattdeutsche verballhornt. Man verabschiedete sich erst nachäffend, dann ohne bewussten Bezug zum Ursprung mit *adjüüs.* Dieser zweisilbige Ausdruck schliff sich in der Umgangssprache zu einem einfachen *Tschüs* ab, das wir nach neuer Rechtschreibung groß und mit *s* statt *ß* schreiben (*Tschüs sagen*).

---

127 Apotheker
128 Richey: Idioticon S. 313; Kluge S. 835

tucken 1. zucken, sich ruckartig vorwärts bewegen, wiederholt ziehen; *de Katt tuckt mit 'n Steert*. Ein Torfbauer aus Harksheide und Umgebung wurde → *Tucker* genannt wegen der Art und Weise, wie er die Torfsoden nach Hamburg transportierte – mit dem typischen Hundewagen (*Tuckwagen*, → *Steertpogg*). 2. picken, herausziehen; *'n Amsel weer dorbi, Metten[129] ut de Eer to tucken*. Küken und Hennen lockte man mit dem Ruf: *Tuck! Tuck! Tuck! Tuck!* zu den ausgestreuten Körnern.

Tucker (*Tuckbuur*) Torfbauer, der seinen → *Torf* mit dem *Tuckwagen* od. → *Steertpogg* nach Hamburg bringt. Vgl. → *tucken*

Tüdel Verwirrung, Durcheinander; *in Tüdel kamen* (in Verwirrung geraten); *dörch 'n Tüdel wesen* (verwirrt sein). Ein *Tüdelbüdel* ist ein Mensch, der *Tüdelkram*, also wirres Zeug, redet. Ist Großmutter im Alter nicht mehr ganz bei sich, ist sie vermeintlich *tüdelich; ganz so tüdelich, as de Jungen seggt, sünd de Olen meist doch nich*. Wer *tüdelt*, ist entweder dabei, 1. etw. unordentlich zu knoten, zu wickeln od. zu schlingen, od. 2. „unordentlich" zu reden, zu schwafeln; *he tüdelt sik wat her* (er faselt herum). Vgl. → *Tüdelband*, Syn.: *tütern, tütelich, Tüterbüdel*.

Tüdelband Unter einem Tüdelband versteht der Hamburger meistens einen einfachen Bindfaden. Kinder spielten das Spiel „Abnehmen" mit komplizierten Mustern zwischen den Fingern mit einem Tüdelband, denn wer nicht auf-

---

129 Regenwürmer

passte, *vertüdelte* sich oder kam in → *Tüdel*, geriet also durcheinander. In dem bekannten Lied *An de Eck steiht 'n Jung mit 'n Tüdelband* hat der Begriff *Tüdelband*, auch *Trünnelband*, eine ganz andere Bedeutung. Gemeint ist ein Fass- od. Radreifen aus Eisen oder Holz. Lag so ein Reifen herum, benutzten die Straßenjungen ihn gern als Spielzeug und trieben ihn mit Stockschlägen durch die Gassen. Vornehm in Hochdeutsch kann man für Tüdelband auch *Trudelreifen* sagen.

Tüffelmaker Pantoffelmacher, ein Handwerker, der Holzpantinen herstellte. Die Tätigkeiten waren früher so zugeordnet, dass man nahezu für jeden Handgriff einen speziellen Handwerker finden konnte. Der Autor kannte aus dem Dorf, in dem er aufwuchs, einen *Tüffelmaker*, der bis ins hohe Alter an seinen Holzsohlen herumschnitzte. War das Werk fertig, klebte er einen Sinnspruch ein, und zwar über Jahrzehnte immer denselben: „Der Löwe ist gut, wenn er ei'm nix tut." Vgl. → *Tüffeln*

tüffeln [1] tut jemand, der langsam und schwerfällig geht, sich eben wie auf *Tüffeln* (Holzpantoffeln) fortbewegt. So ein Zeitgenosse ist *tüffelich* (tollpatschig, dumm, einfältig) oder gilt schlicht als *Tüffel* (Tollpatsch, Trottel). Wer es noch drastischer ausdrücken will, spricht von einem *Tüffelachtein*, ein Schimpfw. für einen nicht mehr zu übertreffenden Dummkopf. Ein Bursche, der Tüffeln trägt und sich dementsprechend benimmt, ist ein *Tüffeljung*. Vgl. → *achteihn*

Ein Junge mit einer Fahrradfelge als Trudelreifen, in Hamburg auch Tüdelband genannt, am Elbkai gegenüber dem Köhlbrand.

Tüffeln [2] (Plur.) sind 1. Holzpantoffeln, die im Gegensatz zu den → *Puschen* auch draußen zur Arbeit, im Garten, Stall od. auf dem Bau getragen wurden. Wer *weke Tüffeln* (Filzpantoffeln) brauchte, galt schnell als Weichling. Darauf deuten auch die Redensarten hin: *in 'n Tüffel schieten* (zimperlich sein), *ünner 'n Tüffel stahn* (unter dem Kommando der Ehefrau stehen). Verlobte sollten sich keine Pantoffeln schenken, denn wer *de Tüffeln hett, de hett dat to seggen*. Pantoffeln stellte man nachts mit der Spitze nach außen vors Bett, um Hexen und böse Geister abzuweisen.

Dieser alte Tüffelmaker aus einem der armen Geestdörfer kam einmal pro Woche in die Stadt und rief seine holten Tüffeln aus. Die Holzpantoffeln „haben indessen den großen Nutzen, daß der Fuß warm und trocken darin ist". Die Kutscher, die selten ins Warme kamen, waren die besten Kunden des Alten.

tünen bedeutet flunkern, daherschwatzen, schwafeln; der *Tüünkram* ist das Geschwätz, der Unsinn; ein *Tüünbüdel* od. *Tüünpott* gilt als Schwätzer, Aufschneider; Adv. *tüünsch* (wirr, verrückt); *he tüünt vun Saken, de nich Hand un Foot hebbt; dat weet wi al lang, tüün man morgen mehr!*

tutich ist jemand, der im Geiste naiv, arglos, treuherzig od. harmlos daherkommt; *'n lütt tutich Göör; brav un tutich, as all de Buurdeerns sünd.*

Tüttelchen Anführungszeichen unten, Anführungszeichen oben, sagte die Lehrerin beim Diktat – bei den Schülern hießen die zwei kleinen Strichlein lediglich *Tüttelchen*.

tutten vorbeischütten; *du hest tutt, wisch dat mal wedder op!*

Tüüch heißt Zeug, und zwar 1. Leib- und Oberbekleidung od. Bettwäsche; *junge Lüüd in ehr best Tüüch; slecht in Tüüch* (schlecht gekleidet); *sik in Tüüch smieten* (fein anziehen); → *Schapptüüch* (Festtagskleidung), *swatt Tüüch* (Trauerkleidung); Ra.: *wenn de Dode en annern sien Tüüch ankriggt, treckt he den na* (Tote dürfen nicht in fremder Kleidung beerdigt werden). 2. Unsinn, Unfug; *dumm Tüüch; dumm Tüüch in 'n Kopp hebben* (Flausen im Kopf haben); *dumm Tüüch snacken* (Blödsinn reden). Erw.: *Tüüchkniep* (hölzerne Wäscheklammer), *Tüüchladen* (Textilgeschäft).

Twiete bezeichnet einen engen Weg od. eine Gasse, die häufig zwei größere Straßen verbindet.

U

überkandidelt Wer *kandidel* ist, der ist heiter, vergnügt, lustig *(wenn se wat drunken harr, denn weer se jümmers so kandidel)* sowie wohlauf und munter *(nu bün ik wedder ganz kandidel)*. Wer dabei jedoch überspannt und überdreht, der ist *überkandidelt*. Von lat. *candidus* (heiter, klar).

überkochen können die Kartoffeln auf dem Herd, wenn man sie nicht rechtzeitig auf kleinere Flamme stellt, aber wenn Großmutter sagte, sie wolle mal eben *überkochen*, so meinte sie damit, dass sie im Sessel kurz einnicken wollte, was nicht als „richtiger" Mittagsschlaf zählte.

Udel Diesen Spottnamen trugen die Hamburger Polizisten bis weit in das letzte Jahrhundert hinein, bevor er durch die weniger schöne und abwertende Bezeichnung „Bulle" ersetzt wurde. Als die Nachtwache 1876 aufgelöst worden war, übernahmen die *Konstabler* genannten Polizisten deren Aufgabe. Im Volksmund übernahmen sie aber auch gleich die gängige Bezeichnung für die Nachtwächter: *Ulen* für die ndd. Eulen, Nachteulen, woraus umgangssprachlich *Uhle, Udl* oder *Udel* wurde. Die im Nebenberuf tätige Nachtwächtertruppe war wie die Eule zwar des Nachts unterwegs, aber man unterstellte den unmotivierten und schlecht bezahlten Wächtern, anders als der Vogel im Dunkeln gar nichts zu bemerken und ab und zu im Dienst sogar ein Schläfchen zu halten.

unnasch (*unasch*) 1. ungehobelt, grob, ungezogen *(sien unnasche Jung)*. 2. unsauber, unordentlich *(so 'n unnasche Kledung)*. 3. verfressen, gierig. 4. ungemütlich *(dat Wedder weer al bannig unnasch worrn)*.

utkieken Ausschau halten, ausfindig machen, aufpassen, aussuchen; *he kiekt ut, wat sien Vadder nich al kummt; kiek ut!* (pass auf); *den Schüttenkönich utkieken* (den Schützenkönig „ausgucken").

utklamüsern (austüfteln) → *klamüsern*

Die Nachtwächter patrouillierten stets zu zweit, vorn de Röper (der Rufer) mit der Rassel in der Hand, der halbstündlich die Zeit auf Plattdeutsch ausrief, hinten de Sliker (der Schleicher), sein Kamerad, der ihm schweigend folgte.

utneihen Reißaus nehmen, weglaufen, entwischen; *he neiht ut, as wenn he 'n Düwel sehn hett; se is mit so 'n annern Keerl utneiht* (durchgebrannt); *de Schimmel neiht ut* (geht durch). Syn.: *utrieten, utwicksen.*

Utsichten (Plur.) Aussichten, bekannt in der Redensart *Theetje mit de Utsichten* als Umschreibung für einen Optimisten, der wenig Chancen hat, aber eine große Unbekümmertheit an den Tag legt. Nach dem Volksstück „Familie Eggers" von Julius Schölermann (1846–1895), in dem die Hauptfigur, der Gelegenheitsarbeiter Theodor *(Theetje)* Eggers auf die wiederholte Frage, ob er Arbeit habe, immer antwortete: *Nee, Arbeit nich, aver Utsichten!* Der Spruch geriet zum geflügelten Wort in Hamburg, wenn es galt, zweifelhafte Vorhaben zu verspotten.

Üüts (Plur. *Üütsen*). Kröte, Frosch. 1. *Üütsen* sind die bekannten glitschigen od. schleimigen Tiere, die im od. am Wasser leben. Sie stehen nicht gerade hoch in der Beliebtheitsskala, und selbst im Märchen muss sich die Prinzessin sehr überwinden, bevor durch ihren Kuss aus dem Frosch ein Prinz wird. 2. Deshalb wird der Begriff *Üüts* auch hauptsächlich als Schimpfwort für Frauen und Kinder benutzt; *'n dummes Üüts; du Üüts!; wat büst du doch för 'n Üüts*. 3. Marmelloch, das mit dem Absatz in die Erde gedreht wird[130]. Syn.: *Itsche, Pogg, Puustpogg, Utze.*

---

130 HWB 5/Sp. 347

V

Vahl, Henry → Biografie S. 284

Verballhornung Dieser weit verbreitete Ausdruck ist durchaus hanseatischen Ursprungs, aber da er mit einem negativen Beigeschmack behaftet ist, wird man in Hamburg nicht müde, darauf hinzuweisen, dass der Schuldige nicht an der Elbe, sondern an der Trave, in der Hansestadt Lübeck, zu lokalisieren sei: Der Buchdrucker Johann Ballhorn (1528–1603), der dort 1586 eine Ausgabe des „Lübischen Rechts" veröffentlichte, hatte dabei eine Todsünde der Schwarzen Kunst begangen: Er gab den Satz ohne vorherige Korrektur in den Druck. Sein Werk enthielt derart viele Fehler, Drehungen, Klitterungen und auf unfreiwillige Weise sogar neue Wörter, dass ihm die zweifelhafte Ehre zuteil wurde, den Fachbegriff *Verballhornung* oder *verballhornen* von seinem Namen abgeleitet zu sehen.

verbumfiedeln vergeuden, durchbringen. War der Seemann nach großer Fahrt endlich an Land, *verbumfiedelte* er die Heuer; *wenn wi de Hüür verbumfiedelt hebbt, gahn wi wedder an Boord.* Syn.: *verfumfeien;* bei Richey klingt das Ganze 1755 noch sehr mahnend: *he hett dat synige verhoret, versnoret un verfumfumfeyet* [131], hat also das Seine mit Huren, Faulenzen und Wohlleben durchgebracht.

---

131 Richey: Idioticon S. 275

Henry Vahl

DER LIEBLINGSOPA DER NATION

Henry Vahl war der Volksschauspieler, der wie kein anderer den schrulligen alten → *Gnadderbüdel* mit der rauen Schale, aber dem liebenswerten Kern verkörpern konnte. Neben Heidi Kabel wurde er zum Synonym für das → *Ohnsorg-Theater* und für das Hamburgische auf dem Bildschirm. Deshalb sei er hier stellvertretend für das große Ensemble jener Zeit vorgestellt.

Henry Vahl, am 26. Oktober 1897 in Stralsund geboren, war bis dahin nie über Nebenrollen hinausgekommen. Er stieß 1958 als Einspringer vom Jungen Theater (später:

Ernst-Deutsch-Theater) zur Ohnsorg-Bühne, weil Otto Lüthje erkrankt war. Der gewichtige Walter Scherau verhandelte mit ihm. Henry Vahl verlangte 50 Mark Abendgage und Probengeld. Scherau empört: „Dafür kann ich ja Hans Albers holen!" Henry Vahl nahm seinen Hut: „Dann hol doch Hans Albers!" Er bekam 40 Mark und Probengeld, durfte aber niemandem von dieser Stargage erzählen.

Er spielte den Schustergesellen Matten in „Meister Anecker", und diese Rolle wurde seine Schicksalsrolle. Er war bereits 68 Jahre alt, als das Stück am 13. November 1965 im Fernsehen lief. An diesem Sonnabendabend wurde Henry Vahl, übrigens ein Onkel des Ohnsorg-Jungstars Edgar Bessen, zum Lieblingsopa der Nation.

Er spielte noch rund 100 Rollen, konnte sich aber keine Texte merken. Seine Hänger sind Legende. Schließlich setzte man ihm einen drahtlosen Empfänger ins Ohr. Dummerweise überschnitt sich die hauseigene Frequenz mit dem Polizeifunk. Henry Vahl hörte immer wieder: „Peter 10, bitte kommen!", bis es ihm zu bunt wurde: „Peter, nun geh doch endlich mal ran, damit wir weitermachen können." Das Publikum staunte.

Das Hamburger Original schied 1972 im Zorn aus dem Ensemble des Ohnsorg-Theaters. Henry Vahl machte ein Jahr Theater-Pause und übernahm dann im → *St.-Pauli-Theater* die Frauenrolle der → „Zitronenjette", in der er bis 1975 fast 200 Mal auf der Bühne am Spielbudenplatz stand. Anfang 1976 erlitt Henry Vahl einen Schlaganfall, von dem er sich nicht mehr erholen sollte. Am 21. Juli 1977 starb er in einem Hamburger Krankenhaus.

Verein geborener Hamburger Der *Verein geborener Hamburger* wurde 1897 als Heimatverein zum Schutz der städtischen Kultur gegründet gegen Überfremdung durch Zugezogene (etwa aus Mecklenburg), die bereits dabei waren, eigene Landsmannschaften zu bilden. Hamburg befand sich in einer Phase rasanten Wachstums. Das Gesicht der Stadt änderte sich durch Industrieansiedlungen und Hafenausbau, und die alteingesessenen Hamburger fühlten sich nicht mehr als Herr im eigenen Haus. Mitglied konnten nur Männer werden, die in den Grenzen des alten Hamburg geboren worden waren, erst seit 1977 auch Frauen. → *Quiddjes* wie Max Brauer (geb. in Ottensen), Herbert Weichmann (Schlesien) oder Axel Springer (Altona) wäre eine Mitgliedschaft im Sinne des Vereins verwehrt geblieben. Die Blütezeit der Geborenen ist vorbei.

verkasematuckeln bedeutet, 1. etw. in kurzer Zeit und größerer Menge zu konsumieren, aber auch, 2. jmdm. etw. genau und detailliert auseinanderzusetzen und Schritt für Schritt zu erklären: Kannst du mir das mal *verkasematuckeln*?

verklookfiedeln erklären, darlegen, auseinandersetzen; *lang un breet verklookfiedelt de Lehrerin de lütt Deerns, woto de Koh ehr Steert hett.* Wie → *verkasematuckeln* (2)

verknackeiern foppen; *wullt du dien olen Onkel verknackeiern?* (auf den Arm nehmen); *sik nich verknackeiern laten* (sich nicht aufs Glatteis führen lassen).

verknusen bedeutet, jmdn. od. etw. leiden bzw. ausstehen zu können, meist in negativem Sinne gebraucht; *ik kann de ole Fregatt* [132] *nu mal nich verknusen; mit Swatt-suur* [133] *kannst mi jagen, dat kann ik nich verknusen; so 'n starken Kaffe kann he nich verknusen* (kann er nicht ab); *kannst du dat noch verknusen?* (schaffst du das noch?)

verneihen verprügeln, verhauen; *se verneiht mi mit 'n Bessensteel.* Wir möchten hier keineswegs den Eindruck erwecken, ganz Hamburg habe sich früher pausenlos geprügelt, wenn wir im Folgenden eine kleine Auswahl von Synonyma aufführen: *verbimsen, verdöschen, verjacksen, verkloppen,* → *verrüüschen, versalen,* → *versusen, vertrimmen,* → *vertageln, verwalken, verwicksen* etc.

verrüüschen heißt verprügeln; *he verrüüscht em ganz gehörich.* Syn.: → *verneihen*

versusen 1. verlegen, aus Unachtsamkeit verlieren; *he hett sien Slötel versuust.* 2. Das Hamburgische kennt wahrlich keinen Mangel an Verben für die Tätigkeit des Verprügelns, sodass es nicht überrascht, auch *versusen* in diese Liste aufnehmen zu dürfen: jmd. verprügeln. Vgl. → *verneihen*

---

132 auffällig herausgeputzte, ältere Frau
133 Schwarzsauer

verswiemelt Wenn jemand morgens nicht aus dem Bett kommt und ein verquollenes Gesicht hat, heißt es häufig: „Der siehst ja ganz *verswiemelt* aus!" Wer *versmiemelt* ist, ist übernächtigt und verkatert.

vertageln Und noch einmal: verhauen, durchprügeln. Syn.: → *verneihen*

Viez (Vorarbeiter) → *Stauerviez*

vigelant (geschickt) → *vigeliensch*

Vigelien (Geige) → *vigeliensch*

vigeliensch Wenn eine Sache oder Angelegenheit als *vigeliensch* bezeichnet wird, so meint der Hamburger, dass sie knifflig od. verzwickt ist. Das Wort wird auch im Sinne von hinterhältig, verrückt, schlau, durchtrieben, gewandt od. geschickt gebraucht. „Dascha vigeliensch!", sagt man in Missingsch. Das Ganze hat etwas mit der Violine zu tun, die auf Plattdeutsch *Vigelien* heißt und die bekanntlich nicht so leicht zu beherrschen und zu spielen ist, ohne dass es schlimme Misstöne gibt. Wer es dennoch schafft, hat es *vigelant* – also geschickt – hinbekommen; *dat speelt keen Vigelien* bedeutet: das spielt keine Rolle, und im Hochdeutschen kennen wir die Ausdrucksweise „Die erste Geige spielen", die auf Platt *de eerst Vigelien spelen* lautet.

Vogelschießen (Schützen- od. Kinderfest) → *Papagooj*

W

Waarscho Mahnung, Warnung; Waarscho! (Warnruf). Syn.: Warschauung. Verb waarschauen (warnen, auf eine Gefahr aufmerksam machen).

Walddörfer Die Hamburger Grenzen wiesen bis zum → *Groß-Hamburg-Gesetz* 1937 mehrere Exklaven auf preußischem Gebiet auf, wozu vor allem die *Walddörfer* Farmsen, Berne, Volksdorf, Ohlstedt, Wohldorf, Schmalenbeck und Groß Hansdorf zählten. Sie waren bereits im späten Mittelalter in Hamburger Besitz geraten und hießen „Walddörfer", weil sie damals von Wald umgeben waren. Im Gegensatz dazu standen die ursprünglich holsteinischen *Rümerdörfer* zwischen Alster und Wandse, die auf freier, gerodeter Landschaft lagen (ndd. *rümich* – weit, geräumig): Alsterdorf, Bergstedt, Bramfeld, Meiendorf, Oldenfelde, Rahlstedt, Sasel und Steilshoop, die 1750 bis 1768 teilweise in Hamburger Pfandbesitz waren, aber bis auf Alsterdorf (1803) erst 1937 Teil der Hansestadt wurden. Vgl. → *rümen*

Walzer Wer hektisch und überstürzt an eine Aufgabe heranging, musste sich häufig die Redensart *laat di Tiet is ook 'n Walzer* anhören. Das hatte wenig mit dem Tanzboden zu tun, sondern bedeutete „langsam kommt man auch ans Ziel".

Wandsbecker Recht Es lässt sich nicht verschweigen, dass Wandsbek, das sich bis 1879 mit ck schrieb und das seinen Weg vom Gut, Schloss, Flecken und Stormarner

Kreisstadt bis zum Hamburger Bezirk durchlief, früher in den Augen eines ehrbaren hanseatischen Kaufmanns einen zweifelhaften Ruf genoss. Bankrotteuren, Spielschuldnern, Geschäftemachern und gescheiterten Existenzen soll dort Aufenthalt gewährt worden sein, sodass *Wandsbecker Recht* das bedeutete, was anderswo als Unrecht angesehen wurde: *dat gelt to Wandsbeck*, sagte man abfällig, und Straßenjungen begannen noch jede Prügelei mit dem Schrei *kille, kille, Wandsbek*, als der schlechte Ruf bereits abgeklungen war.

Was hinten drauf kündigte die Hausfrau an, wenn das Essen fast beendet war. Mancher Gast von außerhalb, der kein Hamburgisch sprach, soll in diesem Augenblick mehr als indigniert geguckt haben. Gemeint war jedoch der Nachtisch, das Dessert zum Abschluss des Menüs.

wehrsam (*wersaam*) [spr.: -so:m], häufig als Syn. *werich* gebraucht, bezeichnet eine übermäßig fette, schwer verdauliche, lange im Magen liegende Speise. Auch ein widerlich süßes Gericht kann *wehrsam* sein; *he wull 'n Köm, dat weer to wersaam (werich); wenn man so veel Eier itt, dat ward toletzt to wersaam.*

werich → *wehrsam*

Windwörm (Maulwürfe) → Leserbrief S. 291

Wippsteert ist die ndd. Bezeichnung für die Bachstelze, deren Schwanz (→ *Steert*) beim Hüpfen am Ufer auf und ab wippt. Neckn.: *Gertje Wippsteert*. Im übertr. Sinne nennt man so einen unsteten und unruhigen Menschen, der nicht still sitzen kann; *lütt Wippsteert* (überaktives Kind). Syn.: *Quicksteert; quicksteerten* (immer in Bewegung sein, nicht auf einer Stelle bleiben können).

De Windwörm weren buten

Sehr geehrte Redaktion, es geht mir immer noch durch den Kopf: Mien Tante, Mudders Süster ut Verlannen, se wahnt butendieks[134] an de Elv, besöökt uns un vertell: *Hüüt Nacht mutt dat dull weiht hebben, de Windwörm weren buten!* Op mien dummes Gesicht stünn de Fraag, wat is dat? Dor weer mi verkloort, dat sünd de „Maulwürfe", wenn de Wind op de Löcker steiht, denn huult dat in ehr Bau, se kriggt Angst und kommt ruut. Wird der Begriff heute noch verwendet? Mit freundlichen Grüßen *Annemarie E. (Jg. 1923)*

Anm.: Nun, der Ausdruck „Windwürmer" wird nicht gerade im Gartenkatalog zu finden sein, in dem ansonsten, seitdem nicht mehr der Rasen, sondern der Maulwurf gesetzlich geschützt ist, allerlei elektronischer und chemischer Firlefanz zum Vergrämen angeboten wird – der nichts hilft, sondern die Wühler im Boden höchstens zum hämischen Gelächter veranlasst. Aber die Vierländer Tante hat richtig beobachtet: Wenn Sie leere, unverschlossene Flaschen mit der Öffnung nach oben in die Gänge drücken, erzeugt der Wind ein derartiges Heulen unter der Erde, dass sich die Maulwürfe schleunigst zum Nachbarn verziehen werden.

---

134 wasserseitig am Deich

Carl Friedrich Wittmaack

SÄNGER IN BLAUER BÜX

Charly Wittong war der Künstlername für den Volkssänger Carl Friedrich Wittmaack, der am 26. November 1876
in Altona geboren wurde und mit 18 Jahren im „Schus-
terkeller" in der Heinestraße[135], dann bei Emil Naucke
(1855–1900) und → *Hein Köllisch* (1857–1901) auf der
Bühne stand.

Als erste Abendgage bekam er immerhin drei Mark und
einen Teller warmes Essen. Er scheute nicht vor Schmacht-
fetzen über Liebe, Treue und Tod zurück. Sein Publikum
litt mit und heulte laut schluchzend die Taschentücher voll.

Doch der Texter und Veranstalter → *Walter Rothenburg*
(1889–1975) machte ihn, der bis dahin mit Zylinder, Samt-
jacke und albernen Atlaskniehosen aufgetreten war, zum
Hamburger Original als → *Buttje* mit blauer → *Büx* und
→ *Elbsegler* und schrieb ihm plattdeutsche → *Couplets*.
„Schalli", wie er genannt wurde, füllte die Säle und hatte
unzählige Verehrer und noch mehr Verehrerinnen.

Wittong starb am 24. Oktober 1943 bei Lüneburg, wurde
aber in Hamburg beigesetzt. Walter Rothenburg rief ihm
in Anspielung auf ihr gemeinsames Lied vom „Hamborger
Fährjung" am Grabe nach: „Charly, wi fohrt all mal röver,
de enen so, de annern so. Nu büst du vörut fohrt.
Gode Reis!"

---

135 1885 wurde die Straße Hinter der Neuen Dröge umbenannt in
Heinestraße zu Ehren von Salomon Heine (1767–1844), dem
Onkel des Dichters Heinrich Heine (1797–1856).

Wisch[1] (Plur. *Wischen*) f., veralt. Wiese, Weide, → *Koppel*; *de Koh op de Wisch; de Wischen staht vull vun Blööm;* noch häufig in Flur- und Straßennamen, z. B. *Kulenwisch* in Hummelsbüttel. Michael Richey kannte bereits 1755 eine Redensart mit Wisch: *vam Disch na de Wisch: wird gesagt von denjenigen, die sich so überladen, daß sie gleich den Abtritt suchen müssen*[136].

Wisch[2] m., Schmierzettel, abf. Schriftstück; *so 'n Wisch vun de Schoolmeester.*

Wischhoff Hauskoppel am Bauernhaus, in die die Kühe zum Melken getrieben werden und auf der ansonsten so allerlei Getier wie Schafe, Gänse und Jungvieh weidet. Von → *Wisch*[1]

Wittong, Charly → Biografie S. 292

wrögelich 1. ausgelassen, übermütig. 2. launisch, unzufrieden; von *wrögeln* (h.: in etw. wühlen, aber auch schuften, sich balgen, sich durch etw. zwängen, rütteln).

Wurzeln Auch in den Hamburger Sprachgebrauch schleicht sich zunehmend etwas Fremdes ein, zumal die → *Grünhöker* häufig nicht mehr in Norddeutschland aufgewachsen sind. Warum sagen wir plötzlich Möhren? Falsch, das sind *Wurzeln!* Das beliebte Mischgemüse heißt *Erbsen und Wurzeln,* die kleine runde Form nicht Möhrchen, sondern überall *Karotten.* Natürlich bleibt es auch beim *Rotkohl.* Nichts mit Blaukraut! Da wir gerade dabei sind: Das deftige Gericht im Winter nennt man in Hamburg und Holstein *Grünkohl* und nicht etwa Braunkohl.

---

136 Richey: Idioticon S. 342

Z

Zampelbüdel (od. kurz *Zampel*) hieß der häufig über der Schulter getragene Beutel aus Sackleinen od. Segeltuch, in dem die Hafenarbeiter ihre Mahlzeiten und oft auch Werkzeug wie Sackhaken od. Probenzieher bei sich trugen. Damit ließ sich in die angelandeten Säcke stechen und eine Probe des Inhalts entnehmen, ohne sie zu beschädigen, denn *Zampel* kommt angeblich vom engl. *sample* (Muster, Probe). Am Riemen war meistens noch der → *Kaffeteng* (Kaffeebehälter) befestigt; *mit Zampelbüdel un Kaffeteng*. Es war nicht immer zu vermeiden, dass sich beim Rückweg aus dem Freihafen die eine oder andere Handvoll von diesem od. jenem in den Zampelbüdel „verirrt" hatte, sprich: geschmuggelt wurde; *ik heff hüüt 'n goden Zampel hatt* (allerhand durchgeschmuggelt).

zampeln schmuggeln, stehlen, etw. aus dem Freihafen mitgehen lassen. Allerdings gab es Zöllner an der Freihafengrenze, die streng kontrollierten, aber dem Massenansturm nach Schichtende häufig nicht gewachsen waren. Eines Tages, so wird erzählt, griff sich ein Zöllner einen Arbeiter heraus, dessen → *Zampelbüdel* ihm verdächtig prall und schwer zu sein schien. „Was ist da drin?", herrschte der Beamte den → *Schauermann* an. *„Kaninkenfoder, wat denn sünst!"*, antwortete der. – „Öffnen Sie den Beutel!" – Zutage kamen die schönsten Kaffeebohnen: „Das soll Kaninchenfutter sein? Das ist ja Kaffee!" – *„Ja", sä de Keerl, „Kaninkenfoder! Wenn se dat nich freet, kriegt se gor nix!"* → Leserbrief S. 298

zappenduster (*tappendüüster*). Alte Hamburger gebrauchten den Ausdruck als *tappendüüster* (stockdunkel; aussichtslos); *nu grummelt dat al, dat ward tappendüüster* (ein Gewitter zieht auf); *nu is 't tappendüüster* (sagt man beim Kartenspiel, wenn das Spiel offensichtlich verloren geht).

Zislaweng (*Schisslaweng*). „Das Wort *Zislaweng* hat so einen wundervollen dynamischen Ausdruck, und ich kenne es für etwas mit viel Schwung tun", schrieb eine Leserin. *Zislaweng* bezeichnet eine schnelle Wendung mit Schwung und Geschicklichkeit; *mit 'n flotten Zislaweng; mit 'n Zislaweng afpedden* (mit Schwung tanzen); *mit 'n beten Plie*[137] *un 'n Zislaweng geiht dat allens.* Wohl berlin. verballhornt aus frz. *ainsi cela vint* (so ging das zu).

Zitronenjette → Biografie S. 297

Zittlöösch Botan.: eigtl. die Herbstzeitlose, doch vorwiegend wurde die Narzisse so genannt.

zu Ostern In Nordd. und Hamburg sagen wir zu Ostern, zu Weihnachten usw., „an" Ostern ist süddt. Stil.

zu Pott kommen Ist jemand zu langsam beim Beenden einer Handlung, sagt man: nu komm endlich zu Pott (Topf). Das hängt mit dem Auf-den-Topf-Setzen eines Kleinkindes zusammen.

zu un zu In Hamburg eine Steigerung der Aussage. Miss.: „Dascha zu un zu schön!" bedeutet „besonders schön".

---

137 Pfiffigkeit

Zitronenjette

Neckname für die kleinwüchsige Johanne Henriette Marie Müller (1841–1916), die mit dem Ruf *„Zitroon, Zitroon!"* auf den Straßen um den Graskeller und in Lokalen Zitronen verkaufte. Meist sturzbetrunken, landete sie regelmäßig mit ihrem Henkelkorb im Rinnstein und wurde zur Zielscheibe der Straßenjungen. Wegen geistiger Verwirrung musste sie schließlich in die Anstalt Friedrichsberg eingewiesen werden. Als bekanntes Hamburger Original war sie Vorlage für zwei Theaterstücke. Die „Zitronenjette" von *Paul Möhring* brachte es auf mehr als tausend Aufführungen im → *St.-Pauli-Theater*. Die Titelrolle, in diesem Dreiakter mit Musik männlich besetzt, übernahm in seinen letzten Jahren als Schauspieler auch → *Henry Vahl*.

Trotz aller Schicksalsschläge und Niederungen im Leben der Zitronenjette ist sie ein Hamburger Original, an das an der Ludwig-Erhard-Straße nahe dem Michel mit einem Denkmal des Bildhauers Hansjörg Wagner erinnert wird.

Gut gezampelt

Sehr geehrte Redaktion, in meiner Ausbildungszeit war ich auf zwei Hamburger Werften tätig, 1937/38 und unmittelbar nach Kriegsende 1945/46, als der gesamte Freihafen unter strenger britischer Militärkontrolle stand.

Dazu ein Beitrag: Der → *Zampelbüdel*, auch kurz *Zampel* genannt, gehörte seit langer Zeit zur festen Ausrüstung eines Hafenarbeiters. Der Zampel ist ein großer runder, hoher Beutel aus kräftigem Segeltuch mit Schnur zum Verschließen. Er wurde an einem dicken Strick über eine Schulter gehängt. Auf dem Hinweg zur Arbeit enthielt er *Fröhstück un* → *Kaffeteng*, eine flache, emaillierte Blechflasche mit Henkel und Bügelverschluss. Je nach Beschäftigungsort waren auch noch kleine weiße Leinenbeutel mit Bändchen zum Zubinden darin für etwaige *Fegsel*[138]. Das waren kleine Mengen von Lebensmitteln, die einem beim Transport oder im Lager wegen Beschädigungen der Transportgefäße (Säcke, Kartons, Kisten) begegnen konnten und vor dem Verderb „bewahrt" werden mussten – wie Zucker, Mehl, Reis, Kaffeebohnen (grüne) o. Ä.

Auf der Arbeitsstelle diente der Zampel zum Transport von meist schweren Geräten oder Werkzeugen von der Werkstatt zum Arbeitsplatz am Kai oder auf einem Schiff. Wenn man dabei von der Barkasse aus an der Kaimauer die Steigeisen in der Mauer auf dem Weg nach oben benutzen musste, brauchte man freie Hände, und der Zampel war das ideale Beförderungsmittel.

---

138 Fegsel – zusammengefegter Rest trockenen Ladungsgutes

Auf den vielen Wegen im Werftgelände und im Freihafen sah man viele Dinge, die man für herrenlos hielt und bei denen man überzeugt war, sie könnten zu Hause sehr nützlich sein. Das galt vor allem 1945 für die Ausgebombten. Der Zampel juckte.

Nach Feierabend ging es dann mit der Fähre Richtung Baumwall. Man näherte sich dem Ponton auf Steuerbordseite. Gelegentlich stand die britische Militärpolizei dort zwecks strenger Kontrolle. Sah man die roten Mützen, dann ging ein Raunen durchs Schiff: „Der Tommy!"[139], und flugs entleerten sich die Beutel mit den Fegseln an Backbordseite auf dem Oberdeck, vorn und achtern. Ein eindrucksvolles, seltsames Bild.

Zu Hause angekommen, zog man Bilanz: Was mehr im Zampel war als auf dem Hinweg, das war dann → *gezampelt*.

Freundliche Grüße *Werner Malmberg*

Vgl. Abbildung auf den folgenden Seiten:
Fast jeder der nach der Schicht heimkehrenden Hafenarbeiter trägt seinen Zampelbüdel über der Schulter.

---

139 ugs. Bezeichnung für die britischen Soldaten

Hafenarbeiter um 1920 auf dem Heimweg über die damalige Niederbaumbrücke

Zubrot 1. Natürlich spricht man mehr od. weniger scherzhaft auch von Zubrot, wenn es sich um einen Nebenverdienst od. um Schwarzarbeit handelt. 2. Aber darum geht es hier nicht. Denn selbst Dudens Universalwörterbuch erklärt: *zu Brot od. anderen Speisen gereichte Beilage.* Auf Hamburgisch bedeutet *Zubrot*, ndd. *Tobroot*, Brotbelag, Aufschnitt od. Aufstrich: *avends geev dat Tobroot – Wust, Schinken, Spickaal, Sprotten, Bückel, Hack, Kees; se hett nich noog Tobroot in 't Huus.*

zumachen „Mach mal zu!", heißt ugs. nicht, jemand solle die Tür zumachen, sondern er möge sich beeilen.

zwischen den Jahren liegt die Zeit von Weihnachten bis Neujahr, in katholischen Gegenden, zu denen Hamburg bekanntlich nicht gehört, auch bis zum Dreikönigstag am 6. Januar. Auf → *Missingsch* heißt es grammatikalisch gewagt sogar *„zwischen die Jahre".* Die Erklärung der Redewendung mag damit zusammenhängen, dass der Jahresanfang in früheren Jahrhunderten an einem Ort und zu einer Zeit am 25. Dezember, anderenorts aber am 1. Januar gehandhabt wurde. Bis heute bleibt ein diffuses Gefühl, als sei das alte Jahr bereits zu Ende gegangen, ohne dass das neue begonnen habe. Man fühlt sich gleichsam in Vergangenheit und Zukunft gefangen. Abergl.: Zwischen den Jahren durfte keine Wäsche gewaschen werden, sollte das neue Jahr glatt verlaufen.

Zwutsch (Zug durch die Gemeinde) → *Swutsch*

ANHANG

Abkürzungen und Fachbegriffe

→ = Verweis
¹ ² = Homonyme, gleichlautende, aber semantisch od. grammatikalisch unterschiedliche Wörter
¹ ² = Fußnoten
( ) = Erklärung, Ergänzung od. Konvertierung
[ ] = Aussprachehinweis
' = Apostroph (Auslassungszeichen)
´ = Akut (folgende Silbe betont)

a. = auch
Abergl. = Aberglaube
abf. = abfällig
abgel. = abgeleitet
Abk. = Abkürzung
abw. = abwertend
Adj. (Adjektiv) = Eigenschaftswort
Adv. (Adverb) = Umstandswort
ahd. = althochdeutsch
Akk. (Akkusativ) = 4. Fall
allg. = allgemein
Amtsspr. = Amtssprache
Anm. = Anmerkung
Art. (Artikel) = Geschlechtswort
Ausr. = Ausruf

berlin. = berlinisch
Berufsbez. = Berufsbezeichnung
bes. = besonders
bildl. = bildlich
Botan. (Botanik) = Pflanzenkunde

Dat. (Dativ) = 3. Fall
Diphth. (Diphthong) = Doppelvokal
dt. = deutsch

ehem. = ehemals
Eigenn. = Eigenname
eigtl. = eigentlich
engl. = englisch
Erw. = Erweiterung
etc. (et cetera) = und so weiter
etw. = etwas

Etym. (Etymologie) = Ursprung u. Geschichte der Wörter
evtl. = eventuell

f. (feminin) = weiblich
Familienn. = Familienname
Firmenn. = Firmenname
frz. = französisch

gebr. = gebräuchlich
gehob. = gehobene Sprache
Gen. (Genitiv) = 2. Fall
Ggs. = Gegensatz

h. = hier
HA = Hamburger Abendblatt
Hamb. = Hamburg(er)
hamb. = hamburgisch
hd. = hochdeutsch
Hrsg. = Herausgeber
hist. = historisch
hochspr. = hochsprachlich
Hom. (Homonym) = gleichlautendes Wort

Imp. (Imperativ) = Befehlsform
Inf. (Infinitiv) = Grundform des Verbs
Interj. (Interjektion) = Ausruf
ital. = italienisch

Jh. = Jahrhundert
jidd. = jiddisch
jmd., jmdm., jmdn., jmds. = jemand, jemandem, jemanden, jemandes
Jugendspr. = Jugendsprache

Kinderspr. = Kindersprache
Kom. (Komparativ) = Steigerungsform
Komp. (Kompositum) = Zusammensetzung
Konj. (Konjunktion) = Bindewort
Kons. (Konsonant) = Mitlaut
Kontam. (Kontamination) = Wortkreuzung

Kontr. (Kontraktion) =
   Vokalzusammenziehung
Kosen. = Kosename
Kosew. = Kosewort
Kurzf. = Kurzform

landsch. = landschaftlich
lat. = lateinisch
lautm. = lautmalerisch

m. (maskulin) = männlich
MA. = Mittelalter
männl. = männlich
mdal. = mundartlich
mhd. = mittelhochdeutsch
mnd. = mittelniederdeutsch
Miss. = Missingsch
mitteld. = mitteldeutsch

n. (Neutrum) = sächlich
ndd. = niederdeutsch (plattdeutsch)
niederl. = niederländisch
Nom. (Nominativ) = 1. Fall
nordd. = norddeutsch

o. ä. = oder ähnlich
o. Ä. = oder Ähnliches
od. = oder
Ortsn. = Ortsname
ostd. = ostdeutsch
österr. = österreichisch

Part. (Partizip) = Mittelwort
Personalpronomen =
   persönliches Fürwort
Plur. (Plural) = Mehrzahl
Präp. (Präposition) = Verhältniswort
Präs. (Präsens) = Gegenwart
Prät. (Präteritum) = Vergangenheits-
   form
Pron. (Pronomen) = Fürwort
Pseud. (Pseudonym) = Deckname

Ra., Raa. = Redensart(en)
Redew. = Redewendung
rotw. (rotwelsch) = Gaunersprache

scherh. = scherzhaft
Scherzn. = Scherzname
Schimpfw. = Schimpfwort
Schülerspr. = Schülersprache
seem. (seemännisch) =
   Seemannssprache
Sing. (Singular) = Einzahl
slaw. = slawisch
sog. = sogenannt
Sp. = Spalte
spez. = speziell
spött. = spöttisch
spr. = sprich
sprachl. = sprachlich
Sprichw. = Sprichwort
Subst. (Substantiv) = Hauptwort
südd. = süddeutsch
Superl. (Superlativ) =
   höchste Steigerungsform
svw. = so viel wie
Syn. (Synonym) =
   sinnverwandtes Wort

u. = und
u. ä. = und ähnlich
u. Ä. = und Ähnliche
u. a. = und andere
übertr. = übertragen
ugs. = umgangssprachlich
urspr. = ursprünglich

Var. = Variante
veralt. = veraltet
Verb = Zeitwort
verschl. = verschliffen
verst. = verstärkt
vgl. = vergleiche
Vok. (Vokal) = Selbstlaut
Volksgl. = Volksglaube
Vorn. = Vorname
vulg. = vulgär

Zahlw. = Zahlwort

Literaturhinweise

Bahnsen, Uwe u. Kerstin von Stürmer: Die Stadt, die sterben sollte. Hamburg im Bombenkrieg, Juli 1943. Hamburg: Convent 2003.

Bahnsen, Uwe u. Kerstin von Stürmer: Die Stadt, die leben wollte. Hamburg und die Stunde Null. Hamburg: Convent 2004.

Bahnsen, Uwe u. Kerstin von Stürmer: Die Stadt, die auferstand. Hamburgs Wiederaufbau 1948–1960. Hamburg: Convent 2005.

Beckershaus, Horst: Die Hamburger Straßennamen. Woher sie kommen und was sie bedeuten. 4. Aufl. Hamburg: Hanse 2000.

Beckershaus, Horst: Die Namen der Hamburger Stadtteile. Woher sie kommen und was sie bedeuten. Hamburg: Kabel 1988.

Bock von Wülfingen, Constantin u. Herbert Frahm [Hrsg.]: Stormarn. Der Lebensraum zwischen Hamburg und Lübeck. Hamburg: Hartung 1938.

Bohn, Robert: Geschichte Schleswig-Holsteins. München: C. H. Beck 2006.

Cyriacks, Hartmut u. Peter Nissen: 2000 Wörter Plattdüütsch. 8. Aufl. Hamburg: Quickborn-Verl. 2008.

Cyriacks, Hartmut u. Peter Nissen: Sprachführer Plattdüütsch. Ein Lehr- und Lernbuch. 8. Aufl. Hamburg: Quickborn-Verl. 2007.

Cyriacks, Hartmut u. Peter Nissen: Sprichwörter Plattdüütsch und ihre Bedeutungen. 8. Aufl. Hamburg: Quickborn-Verl. 2007.

Deppisch, Walter: 99 Wörter Hamburgisch. Hamburg: Asmus 1972.

Duden Band 7: Etymologie. Herkunftswörterbuch der deutschen Sprache. 2. Aufl. Mannheim: Dudenverlag/Bibliographisches Institut 1997.

Duden Band 11: Redewendungen und sprichwörtliche Redensarten. Wörterbuch der deutschen Idiomatik. Mannheim: Dudenverlag/Bibliographisches Institut 1998.

Duden: Deutsches Universalwörterbuch. 6. Aufl. Mannheim: Dudenverlag/Bibliographisches Institut 2007.

Freiwald, Eckhard: Hamburg – meine Heimatstadt. Altstadt und Neustadt. 2. Aufl. Hamburg: Toro 2004.

Fründt, Hermann u. Hans-Jürgen: Plattdüütsch – das echte Norddeutsch. Kauderwelsch Bd. 120. 3. Aufl. Bielefeld: Rump 2001.

Goltz, Reinhard: Von Blubberbüxen, Landhaien und Troonbüdels. Das Schimpfwörterbuch für Hamburger. Leer: Schuster 1995.

Goscinny, René un Albert Uderzo bring das ersse Asterixbuch auf Hamburgisch unner die Leute: Hammonia-City (Asterix auf Hamburgisch). Mit Alsterwasser getauf von Hartmut Cyriacks, Reinhard Goltz un Peter Nissen. 5. Aufl. Köln: Ehepa 2007.

Greß, Gerhard: Verkehrsknoten Hamburg. Freiburg: EK-Verl. 2001.

Gretzschel, Matthias: Kleine Hamburger Stadtgeschichte. Regensburg: Pustet 2008.

Gretzschel, Matthias: St. Michaelis. Der Hamburger Michel. Fotos von Michael Zapf. Hamburg: Axel Springer 1996.

Grobecker, Kurt: Denkwürdigkeiten aus Hamburgs Geschichte. Band 3. Hamburg: Kabel 1997.

Hamburg lebenswert: Die schönsten Seiten aller 104 Stadtteile. Hrsg. von Berndt Röttger, Hinnerk Blombach u. Miriam Opresnik. Hamburg: Hamburger Abendblatt/Axel Springer 2007.

Hamburg von Altona bis Zollenspieker. Das Haspa-Handbuch für alle Stadtteile der Hansestadt. Redaktionsltg. Daniel Tilgner. Hamburg: Hoffmann u. Campe 2002.

Hamburgisches Koch-Buch oder vollständige Anweisung zum Kochen für angehende Köche, Köchinnen und Haushälterinnen, besonders aber für Hausfrauen in Hamburg und Niedersachsen, verfaßt von einigen Hamburgischen Hausfrauen. Achte, vermehrte und verbesserte Auflage. Hamburg u. Lüneburg: Herold u. Wahlstad 1830. [Faksimile Olms 1988]

Hamburg-Lexikon. Hrsg. von Franklin Kopitzsch u. Daniel Tilgner. Hamburg: Zeise 1998.

Hanke, Christian: Hamburgs Straßennamen erzählen Geschichte. Hamburg: Schubert 1997.

Hans ut Hamm vertellt [d. i. Hans Reimer Steffen]. Vergneugte Hamborger Döntjes. Hamburg: Broschek 1934.

Harte, Günter u. Johanna Harte: Hochdeutsch – Plattdeutsches Wörterbuch. 3. Aufl. Leer: Schuster 1997.

Heins, Carl: Mit 'm Zisslaweng. Hamburg: Matari 1964.

Hennig, Beate u. Jürgen Meier: Kleines Hamburgisches Wörterbuch. 2. Aufl. Neumünster: Wachholtz 2006.

Hoffmann, Gerd [Hrsg.]: Hamburg in frühen Luftaufnahmen 1921 bis 1932. Freie und Hansestadt Hamburg. Landesbetrieb Geoinformation und Vermessung. Erfurt: Sutton 2008.

Huckeriede, Jens u. Angela Müller: An de Eck steiht 'n Jung mit 'n Tüdelband. Gebrüder Wolf – Hamburger Gesangshumoristen und Revuestars 1895 bis 1953. 2. Aufl. Hamburg: Kunstwerk e.V. 2003.

[HWB] Hamburgisches Wörterbuch. Auf Grund der Vorarbeiten von Christoph Walther und Agathe Lasch hrsg. von Beate Hennig u. Jürgen Meier. Bearb. von Beate Hennig, Jürgen Meier u. Jürgen Ruge. 5 Bde. mit Nachträgen. Neumünster: Wachholtz 2006. (Vorab 30 Lieferungen mit Nachträgen. Neumünster: Wachholtz 1956 ff.)

Jenssen, Martin u. Khosrow Nosratian: Spektakuläre Hamburger Kriminalfälle. Gudenberg-Gleichen: Wartberg 1996.

Kemper, Hella u. Kerstin Schmidtfrerick u. Eva-Christiane Wetterer: Hummelbuch. Hamburg-Brevier. 2. Aufl. Hamburg: Murmann 2007.

Kinau, Rudolf: Dat groote Rudl Kinau Book. 41 Geschichten un Stremels ut al sien Beuker. Hamburg: Quickborn-Verl. 1986.

Kluge, Friedrich: Etymologisches Wörterbuch der deutschen Sprache. 23. Aufl. Berlin: de Gruyter 1999.

Kopitzsch, Franklin u. Dirk Brietzke [Hrsg.]: Hamburgische Biografie: Personenlexikon. Bd.1: Hamburg: Christians 2001.

Krämer, Walter u. Wolfgang Sauer: Lexikon der populären Sprachirrtümer. Frankfurt a. M.: Eichborn 2001.

Krieger, Martin: Geschichte Hamburgs. München: C. H. Beck 2006.

Lindow, Wolfgang: Plattdeutsch – Hochdeutsches Wörterbuch. 5. Aufl. Leer: Schuster 1998.

Lüden, Walter: Hamburg vor 50 Jahren. Hamburg: Convent 2005.

Mackensen, Lutz: Etymologisches Wörterbuch. Stuttgart: Reclam 1966.

Meiners, Gerold: Plattdüütsch in sess Weken. Een Lees- un Lehrbook för Anfänger un Kunnige. Oldenburg: Isensee 1997.

Mensing, Otto [Hrsg.]: Schleswig-holsteinisches Wörterbuch (Volksausgabe). 5. Bde. Neumünster: Wachholtz 1927–1935.

Möller, Vera: Klein Erna. Hamburger Geschichten. 2. Aufl. Hamburg: Hanse/EVA 2007.

Nissen, Johann Peter: Kleines Hamburg-Abc. Husum: Husum Druck u. Verl. 2006.

Oppens, Edith: Hamburg zu Kaisers Zeiten. Hamburg: Hoffmann u. Campe 1976.

Oppens, Edith: Meine lieben Hamburger. Hamburg: Christians 1973.

Pabel, Reinhold: Alte Hamburger Straßennamen. Bremen: Temmen 2001.

Paschen, Joachim: Hamburg vor dem Kriege. Bilder vom Alltag 1933–1940. Hrsg. Landesmedienzentrum Hamburg. Bremen: Temmen o. J.

Paulun, Dirks: Hömmazuh. Studien in Hamburger Hochdeutsch. Hamburg: Köhler 1951.

Paulun, Dirks: Is doch gediegen. Ein heiterer Streifzug durch das Dickicht des Hamburger Hochdeutsch. Hamburg: Broschek 1973.

Paulun, Dirks: Missingsch. Studien in Hamburger Hochdeutsch. Hamburg: Köhler o. J.

Paulun, Dirks: Platt auf deutsch. Herkunft und Bedeutung plattdeutscher Wörter. München: Bruckmann 1974.

Puvogel, Friedrich: Wandsbek zwischen Stormarn, Preußen und Hamburg. Eine Chronik von 1850 bis 1900. Berkenthin: Schwanenverlag 2001.

Richey, Michael: Idioticon Hamburgense oder Wörter-Buch, Zur Erklärung der eigenen, in und um Hamburg gebräuchlichen, Nieder-Sächsischen Mund-Art. Jetzo vielfältig vermehret, und mit Anmerckungen und Zusätzen Zweener berühmten Männer, nebst einem Vierfachen Anhange angefertiget [d. i. 2. Aufl.]. Hamburg: König 1755. [Faksimile]

Röding, Johann Hinrich: Allgemeines Wörterbuch der Marine. 4. Band [Tafelband]. Hamburg: Nemnich u. Leipzig: Böhme 1798. Nachwort zur Reprintausgabe von Lothar Eich, Leipzig 1986. Leipzig: Zentralantiquariat der DDR 1987.

Roth, Hansjörg: Barthel und sein Most. Rotwelsch für Anfänger. Frauenfeld (CH): Huber 2007.

Sass: Plattdeutsches Wörterbuch. Mit den Sass'schen Schreibregeln. Edition Fehrs-Gilde. 5. Aufl. Neumünster: Wachholtz 2009.

Schleswig-Holstein-Lexikon. Hrsg. von Klaus-Joachim Lorenzen-Schmidt u. Ortwin Pelc. Neumünster: Wachholtz 2000.

Schloz, Harald [u. a.]: Es begann 1676. Hamburg, Geschichte, Katastrophen, Feuerbrünste, Hamburger Feuerkasse. Hamburg: L-u.-H-Verl. 2001.

Schütz, Wolfgang [Hrsg.]: Op de Muur, op de Luur. Kleine plattdeutsche Gedichte, Lieder und Abzählverse. Neumünster: Wachholtz 2006.

Siewert, Klaus: Hamburgs „Nachtjargon". Die Sprache auf dem Kiez in St. Pauli. Hamburg 2003.

Sonntag, Christian: Medienkarrieren. Biografische Studien über Hamburger Nachkriegsjournalisten 1946–1949. München: Meidenbauer 2006.

Spiekermann, Gerd: 100 Jahre Ohnsorg-Theater. Hamburg: Hanse 2002.

Sprechen Sie Platt? Für Norddeutsche und solche, die es noch werden wollen. Wien: tosa/Ueberreuter 2006.

Steffen, Hans Reimer → Pseud. Hans ut Hamm

Suhr, Christoffer: Der Ausruf in Hamburg vorgestellt in Ein hundert und Zwanzig Colorirten Blättern gezeichnet radiert und geäzt von Professor Suhr. mit Erklärungen begleitet [Pastor K. J. H. Hübbe, Allermöhe].

Impressum

HERAUSGEBER: Hamburger Abendblatt
AUTOR: Peter Schmachthagen

SERIEN-REDAKTION: Ina-Maria Nießler
PROJEKTVERANTWORTUNG: Jan H. Groß (Leitung), Olaf Schulz
LEKTORAT: Gabriele Schönig
GESTALTUNG: formlabor, Hamburg
TITELABBILDUNG: iStockphoto/lordsbaine, iStockphoto/xyno
GESAMTHERSTELLUNG: Print- und Medienproduktion HH,
Printed in Germany

COPYRIGHT: Axel Springer AG/Hamburger Abendblatt 2009 und
Peter Schmachthagen

2. Auflage 2009

Dieses Buch und alle in ihm enthaltenen Beiträge, Abbildungen, Ent-
würfe und Pläne sowie die Darstellung der Ideen sind urheberrechtlich
geschützt. Mit Ausnahme der gesetzlich zugelassenen Fälle ist eine Ver-
wertung einschließlich Nachdruck ohne schriftliche Genehmigung des
Verlages strafbar. Kein Teil des Werkes darf in irgendeiner Form (durch
Fotografie, Mikrofilm oder ein anderes Verfahren) ohne schriftliche Genehmigung des Verlages reproduziert oder unter Verwendung elektronischer Systeme verarbeitet, vervielfältigt oder verbreitet werden.

KONTAKT HAMBURGISCH-REDAKTION:
briefe@abendblatt.de (Betreff: Hamburgisch)

www.abendblatt.de

ISBN 978-3-939716-26-6

Hamburg 1808 [Faksimile 1979 nach einer Vorlage aus der Staats-und Universitätsbibliothek Hamburg]

Tilgner, Daniel: Kleines Lexikon Hamburger Begriffe. 6. Aufl. Hamburg: Ellert & Richter 2004.

Unbehauen, Peter: Dass ihr euch ja nich' schietig macht! 111 Lieder und Spiele von Hamburger Straßen und Höfen. Hamburg: Dölling u. Galitz 2000.

Verg, Erik: Das Abenteuer, das Hamburg heißt. Der weite Weg zur Weltstadt. Hamburg: Ellert & Richter 1990.

Verg, Erik: Vierzig Jahre Hamburger Abendblatt. Eine Stadt und ihre Zeitung. Hamburg: Axel Springer 1988.

Wiegandt, Jochen [Hrsg.]: An de Eck steiht 'n Jung mit 'n Tüdelband. Hamburger Liederbuch. Band 1: Noten und Lieder. Band 2: Lexikon. 5. Aufl. Hamburg: Dölling u. Galitz 2007.

Wietzorek, Paul: Das historische Hamburg. Petersberg: Imhof 2008.

Wolf, Siegmund A.: Deutsche Gaunersprache. Wörterbuch des Rotwelschen. Hamburg: Buske 1993.

Ziemann, Johanna Maria [Hrsg.]: Kinderlieder aus Norddeutschland. Freiburg: Belchen 2001.

Bildverzeichnis

297 absolut; 53 action press; 8, 149, 300, 301, 4, 102, 103, 157, 132/133 akg-images; 34 akg-images/Paul Almasy; 85 Andreas Laible; 263, 235 Archiv Zeitungsgruppe Hamburg (nach Carl Schmidt, 1894); 48, 56, 108, 111, 194, 208, 226, 272, 278, 281 Archiv Zeitungsgruppe Hamburg (nach Chr. Suhr), 276/277 Bernd Meiners (Cover „Return of the Tüdelband"); 241 bpk/Joseph Schorer; 160 bz; 203 C. Krüger; 284 Cinetext/Groeneveld; 77 picture-alliance/dpa; 87 Eiko Behrens; 259 Finkwarder Speeldeel; 67 GDS, Grafik Design Studio GmbH, Gestaltungs-Agentur, Hamburg; 163, 250 Getty Images; 40 Hamburger Abendblatt; 24 hamburger-fotoarchiv.de; 15 hamburger-fotoarchiv.de HHLA; 173 Hardy Haenel; 180 Historic Maps; 117 Ingo Röhrbein, Hamburg; 88 Ingo Röhrbein, Hamburg (Repro); 61, 82, 97, 128, 139, 217, 220 iStockphoto; 191 Kay Rehders; 110 keystone/keystone Pressedienst; 204 Lithographie von J. Schöppel, um 1850 (Staatsarchiv Hamburg); 236 Matthias du Vinage; 140 Michael Zapf; 199 Ohnsorg-Theater; 170, 98, 146, 187 picture-alliance/Bildagentur H; 36 Promotin; 95 Ralf Thorein; 127, 233 Richey: Idioticon Hamburgense; 164, 165 TV-yesterday; 44, 45, 74, 123, 124, 166, 175, 210, 224, 20/21 ullstein; 158, 201, 292 Ute Martens; 151 Vera Möller; 238 www.marions-kochbuch.de

SPRECHEN SIE HAMBURGISCH?
BAND 2

Was ist ein Hoppenmarkslöw, eine Klabatsch oder 'n lütt Schlitzmatroos, was bedeutet Kattrepel, Klippschool oder Klockenschooster, wann hatten die Schiffbauer auf der Brook das Pech, dass ihre Pechvorräte in einer „schrecklichen Feuersbrunst" abbrannten und mit ihnen die ganze Straße Pickhuben? Nicht alle Ausdrücke und Hamburgensien ließen sich im ersten Band unterbringen. Die Leser schicken weiter ihre Vorschläge, und der Autor Peter Schmachthagen schreibt fleißig an einem zweiten Band: „Sprechen Sie Hamburgisch? Noch mehr Begriffe aus der Zeit, als Großvater die Großmutter nahm".

Sprechen Sie Hamburgisch? Band 2 € 12,95
Informationen und Bestellung unter:
www.abendblatt.de/shop

DIE BIBLIOTHEK VOM HAMBURGER ABENDBLATT

Hamburg inspiriert – auch und vor allem die Schriftsteller. Ob Hafenkulisse oder Blankenese, Kiez oder die Hamburger Pfeffersäcke – diese Stadt wartet mit einer Vielfalt an Eindrücken und Persönlichkeiten auf und ist in vielen Romanen der Ort des Geschehens. Deshalb bekommt die Stadt nun ihre ganz eigene Bibliothek. Herausgegeben vom Hamburger Abendblatt – der größten Zeitung der Stadt und ihrer Region.

Gemeinsam mit dem Literaturkritiker Hellmuth Karasek hat die Kulturredaktion des Hamburger Abendblatts 20 der wichtigsten Hamburg-Romane zusammengetragen. So entstand eine Bibliothek für alle Hamburger und jeden Hamburg-Liebhaber.

Hamburger Abendblatt bibliothek
Einzelband € 9,95
Alle 20 Bände komplett für € 149,–

Erhältlich unter:
www.abendblatt.de/shop
und im Buchhandel

Alle Titel im Überblick:

Siegfried Lenz
Der Mann im Strom
ISBN: 978-3-939716-60-0

Heinz Strunk
Fleisch ist mein Gemüse
ISBN: 978-3-939716-61-7

Petra Oelker
Die zerbrochene Uhr
ISBN: 978-3-939716-62-4

Friedrich Dönhoff
Savoy Blues
ISBN: 978-3-939716-63-1

Uwe Timm
Die Entdeckung der Currywurst
ISBN: 978-3-939716-64-8

Simone Buchholz
Revolverherz
ISBN: 978-3-939716-65-5

Hans Fallada
Wer einmal aus dem Blechnapf frisst
ISBN: 978-3-939716-66-2

Gerd Fuchs
Die Auswanderer
ISBN: 978-3-939716-67-9

Michael Degen
Der Steuerhinterzieher
ISBN: 978-3-939716-68-6

Brigitte Kronauer
Teufelsbrück
ISBN: 978-3-939716-69-3

Walter Kempowski
Herzlich willkommen
ISBN: 978-3-939716-70-9

Hubert Fichte
Die Palette
ISBN: 978-3-939716-71-6

Patricia Highsmith
Ripley's Game
ISBN: 978-3-939716-72-3

Wolf Wondratschek
Einer von der Straße
ISBN: 978-3-939716-73-0

Dietrich Schwanitz
Der Campus
ISBN: 978-3-939716-74-7

Joachim Bessing
Wir Maschine
ISBN: 978-3-939716-75-4

Ralph Giordano
Die Bertinis
ISBN: 978-3-939716-76-1

Gunter Gerlach
Ich lebe noch, es geht mir gut
ISBN: 978-3-939716-77-8

Svende Merian
Der Tod des Märchenprinzen
ISBN: 978-3-939716-78-5

Konstantin Richter
Bettermann
ISBN: 978-3-939716-79-2

319